Nora Berzheim
Kinder gestalten mit Sprache, Gestik, Musik und Tanz

Nora Berzheim

# Kinder gestalten mit Sprache, Gestik, Musik und Tanz

Anregungen für Gruppenarbeiten
in Kindergarten, Schule, Hort und Heim

 Verlag Ludwig Auer Donauwörth

Schriftenreihe für die sozialpädagogische Praxis.
Herausgegeben von Anne Maria Hagenbusch

2., durchgesehene Auflage. 1982
© by Verlag Ludwig Auer, Donauwörth. 1978
Alle Rechte vorbehalten
Fotos: Hannelore Seebaß
Gesamtherstellung: Druckerei Ludwig Auer, Donauwörth
ISBN 3-403-00851-7

# Inhaltsverzeichnis

# Einleitung

„Spiel ist geistige und körperliche Tätigkeit, die keinen unmittelbaren praktischen Zweck verfolgt und deren einziger Beweggrund die Freude an ihr selbst ist. Pestalozzi, Locke, Rousseau betrachten Spiel als effektives Leben des Kindes." *Johan Huizinga*

Spielen ist Sich-in-Bezug-Setzen zur Umwelt, Sich-Auseinandersetzen, Sich-Entfalten. Spielen heißt selbständiges, kreatives Lernen und die Dinge erfahren.
So ist es notwendig, daß wir dem Kind gönnen, was es zum Spiel braucht: Raum, Zeit und Dinge.
Doch wird der kleine Freiraum des Kindes bereits mehr und mehr eingeengt. Kindergarten, Hort und Heim müssen sich heute mehr denn je darauf einstellen, das lebensnotwendige Spielmilieu für das Kind zu schaffen. Von seiner sozialen Reife her ist das Kind jedoch in einem Gruppenverband von 15 und mehr Kindern überfordert. Kein Mensch kann auf die Dauer in einem so großen Gruppenverband leben, ohne an seiner Personhaftigkeit Einbußen zu erleiden. Entweder zieht sich der Mensch innerlich zurück und vereinsamt, weil ihm zu wenig individueller Freiraum gewährt wird, oder er entwickelt sich durch das ständige Reglementiertwerden zu einem völlig angepaßten, zu eigenen Entscheidungen unfähigen, verantwortungslos handelnden Bürger.
Ich sehe in den alten traditionellen Gemeinschaftsspielen, die es für jede Altersstufe gibt, und in solchen, die gemeinsam um- oder neugestaltet werden u. a. eine Möglichkeit, Spiel- und Lernverhalten zu üben.
Um ein Gruppenspiel zu gestalten, ist eine größere Anzahl von Personen notwendig. Das *gemeinsame* Spielen bedeutet gemeinsames Interesse. Spiel-Regeln für die Organisation werden von allen in persönlicher Entscheidung eingebracht. In einem solchen Spiel gibt es vielfältige Rollen. Mit einer von diesen wird sich jeder identifizieren können. Auch ist die „Spiel-Sprache" vielschichtig und sicher auf irgendeiner Ebene für jeden Beteiligten verständlich und ausdrückbar. Da gibt es die Sprache

der Gestik und Mimik
des Rhythmus,
der Töne und Geräusche,
der Laute
und des Tanzes.

All diese Ausdrucksebenen stehen für Sprache. Sie beinhalten die Elemente, derer sich die folgenden Gestaltungen bedienen.

Viele dieser Gestaltungen sind in Kindergruppen entstanden und wollen Vorschläge und Anregungen sein. Die Erzieher und Pädagogen, die sie aufgreifen, sollen jedoch den Mut haben, mit ihren Kindern Vorgestelltes abzuwandeln oder ganz neu zu gestalten. Ich möchte allen Kollegen, denen die persönliche Entfaltung der Kinder am Herzen liegt, ermutigen, den Anfang zu machen, auch wenn sie meinen, keine Fachkenntnisse zu besitzen. Das Lachen, die Freude und die vielen Ideen der Kinder werden weiterhelfen.

Herzlich danke ich Schwester Carla Mair und ihren Kindern, die viele dieser Spielideen gestaltet haben und lebendig werden ließen.

Dank auch Frau Professor Erna Woll, die dieses Heft mit einigen ihrer Kompositionen bereichert hat.

# Tanzgestaltung zu einem Vers

Kindervers aus Österreich:

> Fünf Paar lederne Strümpf,
> fünf Paar lederne Strümpf.
> Wenn ma ein'n verliern,
> na habm ma no vier,
> wenn ma ein'n verliern,
> na habm ma no vier.

Da die „ledernen Strümpf" nicht mehr in Mode sind, kann man den Vers durchaus der gängigen Mode entsprechend abwandeln, z. B.

> „g'ringelte Strümpf" oder
> „schottische Strümpf"

Alter: 7–9 Jahre

**Gedanken zur Situation**

Da Jungen in diesem Alter beginnen, sich von Mädchen und ihren Spielen abzusetzen und den Tanz zunächst als „Mädchenkram" abtun, sollten Erzieher und Pädagogen ihnen helfen, die Dinge großzügiger und richtiger zu sehen. Man braucht sie nur daran zu erinnern, wer die Kult-, Jagd- und Kriegstänze bei den Indianern oder anderen Naturvölkern ausführte, daß der Perchtentanz und viele südfranzösische Schwerttänze nur von Männern getanzt werden. Manche Fernsehsendungen zeigen solche Volkstänze.

Tanz bietet Kindern eine Möglichkeit, überschüssige Kräfte und Emotionen auszuleben. Die Jungen fühlen sich sicher nach einem kraftvollen Tanz glücklicher als nach einer Rauferei.

Der Erzieher kann sich von originalen Volkstänzen oder von Tanzmotiven alter Kulturen, die vielfach auf Kunstkarten abgebildet sind, anregen lassen.

An folgendem Beispiel wird dargestellt, wie mit Jungen dieser Altersstufe ein Vers als Tanz gestaltet werden kann.

## Gestaltungsidee

Fünf Jungen haben einen Kniestrumpf an, den anderen schwingen sie herum. Einer nach dem andern geht verloren, bis es „null Paar Strümpfe" sind.

## Material

1. Ringel- oder Schottenstrümpfe

2. Rhythmusinstrumente

3. Vor- und Zwischenmusik

a) Lied: z. B.

> „Hei, die Pfeifen klingen" (Klett-Verlag)
> „Fing mir eine Mücke heut" aus „Unser Liederbuch"
> „Sascha geizte mit den Worten",
> „Pfeifer Timi" und „Horch, die Glocke tönt" aus
> „Mein Stimme klinge", Christophorus-Verlag

Wenn der Text ungeeignet erscheint, kann die Melodie auf Silben gesungen oder von einer Flöte gespielt werden. Nach Vermögen der Gruppe und des Leiters wird die Melodie mit Gitarre, Flöten oder Orff-Instrumenten begleitet.

b) Spielmusik:*)

Hier eine einfache Melodie als Vorschlag:

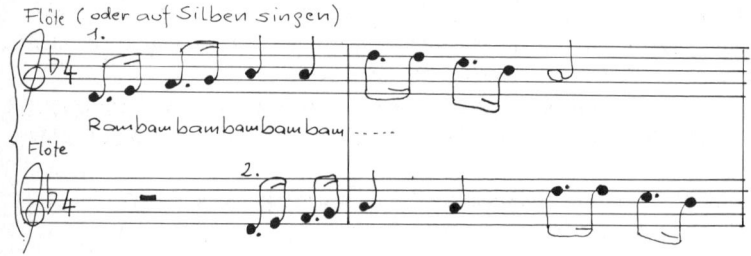

---
*) Siehe Anhang Seite 75, 82

Begleitsatz für geübte Spieler

Weitere Spielmusiken aus dem Orff-Schulwerk, z. B. Bd. I Nr. 6 Seite 116, Seite 126 Nr. 25

## 4. Ostinatobegleitung zum Vers mit Rhythmusinstrumenten:

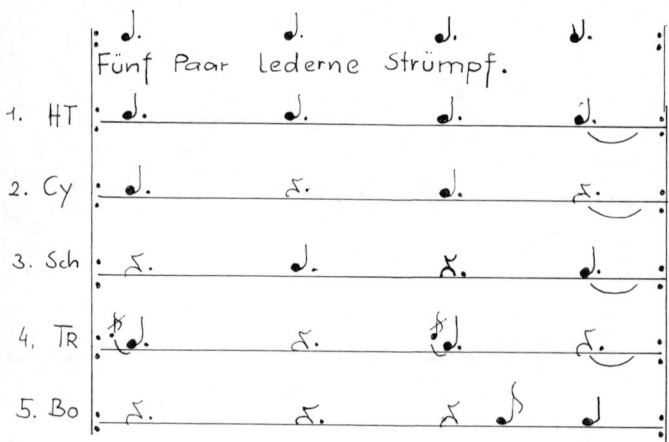

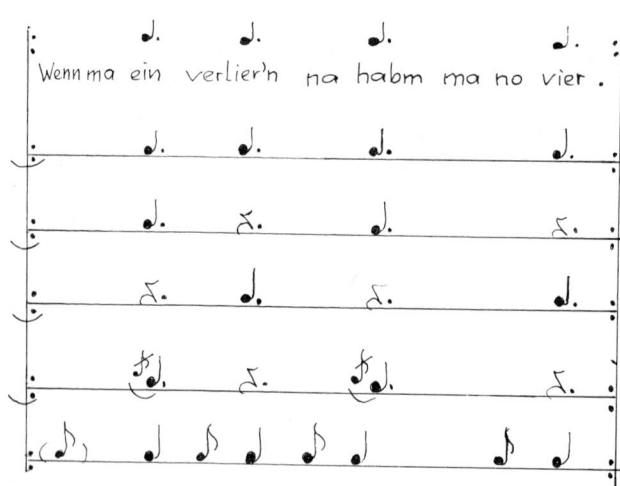

Tanzform: Rondo = A – B – A – C – A – D – A usw.

Lied (siehe 3a) oder Spielmusik siehe 3b) stellen den immer wiederkehrenden A-Teil dar, der Vers die veränderten Teile B/C/D . . .

Sänger und Musikanten bilden einen Halbkreis.

A-Teil:  Die fünf Jungen hüpfen aus der Gruppe heraus auf die Bewe-
Musik    gungsfläche. Ein Bein ist bestrumpft, das andere bloß. Den
         einen Strumpf schwingen die Buben über ihren Köpfen. Zum
         Ende des Liedes stellen sie sich in einer Reihe auf, hängen sich
         gegenseitig ein oder haben die Arme um die Schultern der
         Nachbarn gelegt.

B-Teil:  Die fünf Jungen kommen geschlossen als Reihe vor.
Vers     1. Strophe: Das bestrumpfte Bein (z. B. rechts) setzt den Schritt
         zuerst an, das andere wird nachgezogen wie beim Nachstell-
         schritt:

         „Fünf Paar lederne        Strümpf
         (rechts vor, links ran – rechts vor, links ran)

         Wenn ma*⁾ ein'n verliern, na habm ma no vier
         (rechts vor, links ran, rechts vor, links ran)

A-Teil:  Alle hüpfen frei im Raum, Tänzer 1 hüpft zu seinem Rhythmus-
Musik    instrument. Dann folgt:

C-Teil:  2. Strophe: „Vier Paar lederne Strümpf" usw.
Vers     In gleicher Ausführung wie bei Strophe 1.
         Dazu begleitet nun der 1. Tänzer auf seinem Rhythmusinstru-
         ment den Vers mit Ostinato 1 (siehe Beispiel, Seite 12).

So verläuft der Tanz, bis alle fünf Tänzer an ihrem Instrument sitzen (oder stehen).
Wenn es möglich ist, spielen die fünf Jungen nun ihre rhythmischen Ostinati am Platz, ohne daß der Text laut gesprochen wird (sie denken ihn sich nur).
Zum Auszug erklingt nochmals das Lied.

---

*⁾ Tänzer 1 macht hier einen Wechselschritt, so daß sein nacktes Bein vorgestreckt ist. Den Strumpf wirft er in die Ecke.

# Gestaltungen zu Gedichten

## Gedanken zur Situation

Die Fünfjährigen stehen vor dem Schuleintritt. Für die Kleinen etwas Ungewisses, trotz aller Schilderungen doch Unvorstellbares. Sie spüren die Sorgen der Erwachsenen und werden noch unsicherer. Kleine Sprachunsauberkeiten werden plötzlich problematisiert, die zuvor noch für „süß", „zauberhaft" und „originell" gehalten wurden.
Ein psychisch und körperlich gesundes Kind lernt durch Nachahmung das Sprechen. Ist sein Sprachvorbild nicht korrekt, so wird es das Sprechen genauso unkorrekt erlernen. In der ersten Volksschulklasse, wo sich das Kind mit allen Lauten und Buchstaben auseinandersetzen muß – motorisch: durch das Schreiben, visuell: durch das Lesen, akustisch: durch das Hören, Lautieren und Nachsprechen –, kann es kleine Sprachfehler beheben, wie das Verwechseln von S und Sch, die richtige Bildung der Explosivlaute und des R. Sind die Sprachstörungen schwerer, so kann über den Schularzt eine logopädische Behandlung eingeleitet werden.
Auf jeden Fall helfen Sprechspiele in frühen Kinderjahren Sprachschwierigkeiten zu beheben und die Kinder für Sprachmelodie und Dynamik sensibel zu machen. Auch ausländische Kinder erlernen die neue Sprache sehr rasch über Verse, Kinderreime, Gedichte und Märchenspiel.
James Krüss hat verschiedene Kindergedichtsammlungen herausgegeben.
Hans Baumann und vor allem Josef Guggenmos haben Verse und Kindergedichte neu verfaßt. Besonders die Kindergedichte von J. Guggenmos sind humorvoll, dem kindlichen Verstehen und seinem Sprachvermögen nachempfunden. Der Autor hat seine Zustimmung zur Vertonung und Gestaltung seiner Gedichte erteilt.

Gedicht von Josef Guggenmos

Sieben kecke Schnirkelschnecken
saßen einst auf einem Stecken,
machten dort auf ihrem Sitze
kecke Schnirkelschneckenwitze.
Lachten alle so:
„Ho, ho, ho, ho, ho!"

Doch vor lauter Ho-ho-Lachen,
Schnirkelschneckenwitze-machen,
fielen sie von ihrem Stecken:
alle sieben Schnirkelschnecken.
Liegen alle da.
Ha, ha, ha, ha, ha!

Alter 2–7 Jahre (den verschiedenen Gestaltungen entsprechend)

**Gestaltungsideen**

*1. Fingerspiel*

Mit beiden Händen wird eine Schnecke dargestellt. (Eine Hand liegt flach, die andere als Faust auf dem Handrücken.)
1. und 2. Versreihe: Sprechen und dazu macht die „Schnecke" auf dem eigenen Oberschenkel die Kriechbewegung (durch Krümmen und Strekken der Finger).
3. und 4. Verszeile: Die „Schnecke" sitzt auf dem Knie und wackelt hin und her.
5. und 6. Verszeile: die „Schnecke" wippt auf und ab. Zu Beginn der 2. Strophe wackelt die „Schnecke" hin und her und auf und ab.
3., 4. u. 5. Verszeile der 2. Strophe: Die „Schnecke" fällt hinunter, die Hände öffnen sich.
6. Verszeile der 2. Strophe: Rhythmisches Händeklatschen.
Diese Spielform entspricht den Fingerspielen für Zweijährige.

*2. Gestisches Kreisspiel*

Sieben Kinder bilden den „Stecken".
Sie kauern sich dicht nebeneinander hin.
Sieben andere Kinder imitieren kriechend die Schnecken.
Die übrigen Kinder stehen im Kreis um die Spielgruppe, sprechen den Vers und begleiten ihn mit Klanggesten*⁾.

---

*⁾ Klanggesten: Klatschen, Patschen, Stampfen

Klanggesten:

Eine Silbe = ♪

| Patschen | |
| Klatschen, Hände dabei hin- und herwenden | |
| Klatschen | |

Spielverlauf: Die Schnecken kommen angekrochen.
Sie nehmen auf dem Rücken der kauernden Kinder, die den Stecken darstellen, Platz.
Sie wackeln mit dem Kopf hin und her, strecken ihre Hände als Fühler aus.

Bei der 2. Strophe, Zeile 3, bewegt sich „der Stecken".
Die „Schnecken" fallen herunter.
Sie liegen komisch da und lachen.

Bei diesem Spiel stellen die Kinder spontan das Kriechen, die lustigen Bewegungen, vor allem das komische Hinfallen dar.

*3. Spiellied*

Dieser Vers kann auch *gesungen* und *musiziert* werden. Die Darstellung bleibt dieselbe wie bei Gestaltung 2.

Lied und Begleitung:

Sie ben kek-ke Schnirkelschnecken machten dort auf ihrem Sitze
saßen einst auf ei — nem Stecken, kecke Schnirkelschnechenwitze.

Lachten al-le so: "Ho, ho, ho, ho, ho!"

Folgende Tonstäbe liegen in den Stabspielen auf (oder Klangbausteine sind auf die Kinder verteilt). Die Kinder spielen im Sprechrhythmus, im Grundschlag oder im Rhythmus der Klanggesten frei auf den Tonstäben (oder Klangbausteinen).

Begleittöne:                               Ostinater Begleitsatz für
                                           geübtere Spieler:

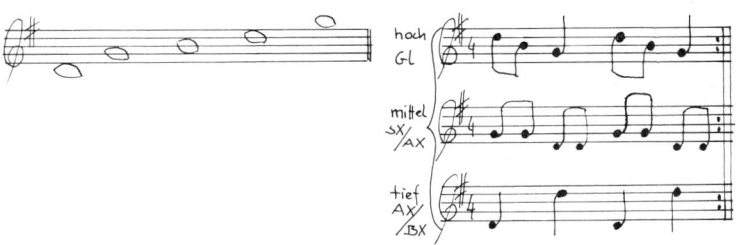

Gedicht von Josef Guggenmos

Was denkt die Maus am Donnerstag,
am Donnerstag,
am Donnerstag?

Dasselbe wie an jedem Tag,
an jedem Tag,
an jedem Tag.

Was denkt die Maus an jedem Tag,
am Dienstag, Mittwoch, Donnerstag
und jeden Tag
und jeden Tag?

O hätte ich ein Wurstebrot,
mit ganz viel Wurst
und wenig Brot!
O fände ich, zu meinem Glück,
ein riesengroßes Schinkenstück!
Das gäbe Saft,
das gäbe Kraft!
Da wär' ich bald nicht mehr mäuschenklein,
da würd' ich bald groß wie ein Ochse sein.

Doch wäre ich erst so groß wie ein Stier,
dann würde ein tapferer Held aus mir.
Das wäre herrlich,
das wäre recht –
und der Katze,
der Katze
ginge es schlecht!

Alter: 7–10 Jahre

**Gedanken zur Situation**

Die Kinder sind im Lesen sicherer geworden. Endlich sind sie soweit, daß sie die geliebten Geschichten und Abenteuerromane selbst lesen können. Diese Leselust bedarf aber auch einer Pflege. Der kleine Leser muß lernen, sich „ein Bild von dem zu machen, was er liest". Dann wächst der Spaß am Lesen.

Der Pädagoge sollte sich bemühen, in der Auswahl des Lesestoffes darauf zu achten, daß die Geschichten oder Gedichte sprachlich lebendig dargestellt sind, so daß sie sich malen oder im Spiel darstellen lassen. Haben die Kinder für sich das Lesestück erlesen oder den Inhalt auf andere Weise erfahren, so sollte sofort ein Nacherleben anschließen, sei es durch Malen oder durch darstellendes Spiel. Beim spontanen Spiel halten sich die Kinder nicht an den genauen Wortlaut, sondern nur an den Inhalt des Textes. Dieses Tun festigt die bildhafte Vorstellung der Handlung und verhilft dem Kind beim Vorlesen zum sinngemäßen fließenden Lesen.

**Methodische Vorbemerkung zur Spielidee**

Auch diesem Spiel geht nach der Vorstellung des Szenenverlaufs ein Stegreifspiel voraus. Dann erst sollte das Gedicht in kleinen Gruppen selbständig mit aufgeteilten Rollen auswendig gelernt werden. Damit die Stimmung des Inhalts mit dem Sprachausdruck übereinstimmt, spielen die Kinder beim „Rollenlernen" wenigstens andeutungsweise gestisch mit. Ein Schüler übernimmt dabei die Rolle des Souffleurs.

## Material

Requisiten: Aus Hockern, Kisten, Bänken und Tüchern eine Arena
bauen, wenn möglich mehrstöckig durch Podien,
Masken für Katzen, Hund und Maus: Pulli, Strumpfhosen, über die
Hände Socken ziehen, Halbmasken aus Pappe,
Schwanz: Perlonstrümpfe ausstopfen (etwas schmäler nähen!) und mit
leichtem Draht verstärken.
Für die Maus einen weiten Umhang, der gut fällt.

## Gestaltungsidee

Der Autor hat zur folgenden Ausgestaltung seine Zustimmung gegeben.
Es handelt sich um eine philosophische Betrachtung mit einem nicht zu
erwartenden Ausgang.

1. *Ausgedehnter Text auf Rollen verteilt und mit pantomimischen Vor-
   schlägen:*

Die Katzen heißen: Matz, Mitz, Mutz, Motz

| | |
|---|---|
| Matz | Was denkt die Maus am Donnerstag? |
| Mitz | Was denkt die *Maus?* |
| Mutz | Was *denkt* die Maus? |
| Motz | *Was* denkt die Maus? |
| Matz | am Donnerstag! |
| Mitz/Mutz | am Donnerstag? |
| Matz | *Am Donnerstag!* |
| | |
| Maus | Dasselbe wie an jedem Tag! |
| Mi/Mu/Mo | Dasselbe? |
| Matz | Dasselbe wie an jedem Tag? |
| Mi/Mu/Mo | An jedem Tag? |
| Maus | An *jedem* Tag! |
| | |
| Matz | Was denkt die Maus an jedem Tag, |
| | am Dienstag, Mittwoch, Donnerstag |
| Motz | und jeden Tag, |
| Mi/Mu | und jeden Tag? |
| | *Pause* |

| | |
|---|---|
| Maus | Oh, hätte ich ein Wurstebrot |
| | mit ganz viel Wurst |
| | und wenig Brot! . . . |

(Katzen lecken sich genüßlich das Maul und schmatzen)

O, fände ich zu meinem Glück
ein *riesengroßes Schinkenstück!*

(Katzen stöhnen, reiben sich den Bauch)

| | |
|---|---|
| | Das gäbe Saft! |
| alle Katzen: | Saft! Saft! Safffft! |
| | (Schmatzen und Mmmmm-Rufe) |
| Maus | Das gäbe Kraft! |

(Katzen stellen sich in Body-building-Position, machen Boxgesten, flüstern intensiv im Hintergrund, als Ostinato: „Kraft!")

| | |
|---|---|
| Maus: im Vorder- | Da wäre ich nicht mehr mäuschenklein, |
| grund der Szene, | da würd ich bald groß wie ein Ochse sein! |
| sie wird größer | Doch wäre ich erst so groß wie ein Stier, |
| durch Ausbreiten | dann würde ein tapferer Held aus mir. |
| des Umhanges. | Das wäre herrlich! |
| | Das wäre recht! |
| | Und der Katze!!! |

| | |
|---|---|
| Alle Katzen | Der Katze??? |
| | (Katzen erstarren, besinnen sich) |
| Maus | Der ginge es schlecht! |

„Gestisches Nachspiel"
„Stierkampf" zur Musik 2

| | |
|---|---|
| Hund | Auftritt – Auszug |

## 2. Organisation des Spiels

a) Gestisches Vorspiel: (Die Spieler lassen sich beim Ausspielen Zeit)
Eine alte, zerfallene Arena.

Herrliche Schlupfwinkel für Mäuse.
Behagliche Sonnenplätze für Katzen.

*Musik 1* (S. 22/23) (oder Schallplattenmusik „Marsch" oder eine Musik mit Rhythmusinstrumenten improvisieren)

Kater *Matz* zieht erhobenen Schweifes in die Arena ein, sucht sich ein sonnengewärmtes Plätzchen . . .
Die Katzen *Mitz* und *Mutz* finden sich ein . . . und nicht viel später Kater *Motz* . . .
So sind sie wieder alle beisammen, die Katzen Matz, Motz, Mitz und Mutz.
Sie schleichen eng aneinander vorbei,
reiben sich gegenseitig das Fell, das Gesicht, den Hals,
miauen, räkeln sich,
jede findet ein Plätzchen . . .
es wird stiller . . .

(Musik ist verklungen)

b) Gedichtverlauf

Sinnierend wirft Kater Matz eine Frage auf (siehe Gedicht). Diese Frage beginnt die anderen Katzen langsam zu interessieren. Sie stellen Gegenfragen, bestätigen Gesagtes, doch jede spricht, wie für sich selbst. Keine nimmt wahr, daß eine *Maus* sich an diesem Gespräch sehr lebhaft beteiligt, sich sogar gefährlich an den Gedankenflügen berauscht.
Als jedoch plötzlich von „Katzen" die Rede ist, werden Matz und Motz, Mitz und Mutz stutzig.
Sie schrecken auf!!!
Sie erkennen, was sich Ungeheuerliches vor ihren Augen entwickelt hat
. . .

Ende des Gedichtes

c) Gestisches Nachspiel

*Musik* 2 (S. 24)

Vor der riesenhaften Stier-Maus reagieren die Katzen wie mutig-ängstliche Matadore, rennen eher weg, als daß sie angreifen . . .

(Musik klingt während des folgenden Geschehens langsam aus).

Ein Hund hat die Arena betreten.
Er betrachtet den merkwürdigen Kampf.

Er hechelt . . .
   knurrt . . .
   knurrt lauter . . .
   bellt . . .

Maus und Katzen erstarren . . .
schauen gebannt auf den Hund . . .
gehen langsam rückwärts – – – die Maus peilt ihr Mauseloch an . . .
Knurren des Hundes vom Piano über ein Crescendo zum Forte-Bellen
Die Maus ab, ins Loch!
Die Katzen – kehrt! Und hinaus aus der Arena!
Der Hund macht einen Satz mitten in die Arena hinein, streckt die Vor-
derpfoten vor und jault:
„Auuuuus – aus – auuuuuus"

d) Auszug: *Musik* 1 (S. 22/23)

Dazu Rundmarsch aller Spieler
(Die Spieler können im „Gänsemarsch" gehen, eine Hand auf der Schulter des Vordermannes. Den Schritt originell gestalten, z. B. Knie immer
sehr hoch anziehen und den Schritt weit außen rechts oder links an-
setzen).

*Ende*

**Musik 1**

Ende

Schluß nach Wiederholung,
dann von Anfang bis ⌒Ende.

23

# Musik 2

Anfeuernd rasch!
Vor-, Nachspiel, Begleitsatz

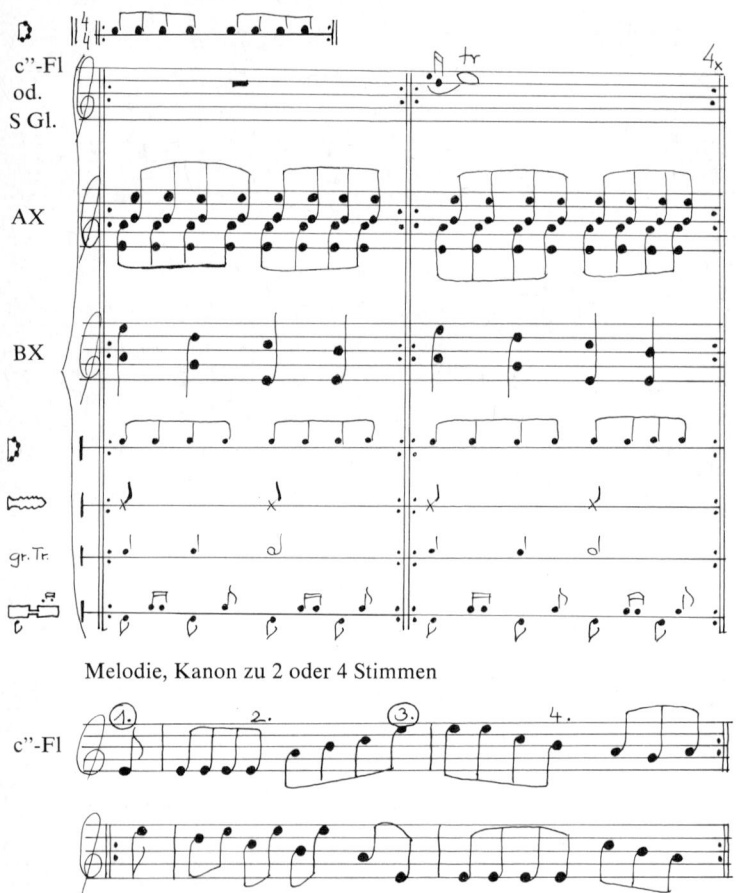

Melodie, Kanon zu 2 oder 4 Stimmen

Einsatz der Melodie nach einem Vorspiel von 4 Takten.
Bei Kanonspiel die Begleitung entsprechend verlängern.
Kanonstimmen einzeln auslaufen lassen, dann Nach-
spiel anschließen.

# Gestaltungen von Märchen

## „Die Maus und der Mond"

Ein Märchen von Jenny Taylor und Terry Ingleby
erschienen: Otto Maier-Verlag, Ravensburg, ISBN 3 47339607 9
Reihe: „Mein erstes Taschenbuch" Nr. 7
Alter: 4–7 Jahre

## Bemerkung zu diesem Märchen

Dieses Märchen ist einer bestimmten Art von Volksmärchen nachempfunden, nämlich den Reihungsmärchen wie: „Das Rübenziehen", „Der dicke, fette Pfannkuchen", „Der Kartoffelkönig" und „Klein-Flöhchen und Klein-Läuschen". Eine Situation löst ein Ereignis aus, das sich viele Male in gleicher Weise, nur mit anderen Figuren wiederholt, bis dann eine unvorhergesehene kuriose Veränderung die Lösung und damit das Ende des Märchens bewirkt. Das Prinzip ist bei diesen Märchen also die variierte Wiederholung, eine elementare Form, die sehr rasch von allen Beteiligten, auch schon von den Kleinsten, verstanden und sprachlich mitgestaltet werden kann.

In dem oben genannten Märchen entdeckt die Maus in einer Vollmondnacht den Mond im Dorfteich. Sie meint, er sei hineingefallen und ruft aufgeregt ein Tier nach dem anderen zu Hilfe, um den Mond herauszuziehen. Keinem gelingt dieses. Die Schlange der Hilferufenden, als Anführer die kleine Maus, rufen zunächst den Bauern, dann sogar den König mit seinen Soldaten herbei. Auch ihnen gelingt es nicht, den Mond aus dem See zu ziehen. Nachdenklich schaut der König zum Himmel. Da entdeckt er den Mond und lacht laut auf. Alle nacheinander – in der rückläufigen Reihenfolge wie die Akteure aufgetreten sind – stimmen in das Gelächter ein. Zum Schluß lacht auch die kleine Maus: „Was bin ich für eine dumme Maus! Die ganze Zeit über stand der Mond am Himmel und war gar nicht heruntergefallen!"

*Methodische Hilfen* für das *Erzählen* dieser Märchenarten:
– Der Erzähler sollte in einfachen Sätzen sprechen,
– sich im Wortlaut wiederholen, wenn die gleichen Situationen, nur mit anderen Akteuren, wiederkehren (siehe S. 27 „Möglicher Verlauf").

- Das erste, vielleicht auch das zweite Tier mag der Erzieher selbst in die Erzählung einbringen, die nächsten Tiere jedoch, die die Maus zu Hilfe holt, nennen die Kinder selbst.
- Durch leichtes Zögern ermuntert der Erzähler die Kinder, die sich wiederholenden Dialoge mitzusprechen.
- Das Lachen der verschiedenen Tiere wird charakteristisch dargestellt, so, wie es sich die Kinder vorstellen. Es soll vielstimmig klingen.
- Zwischen Erzählung und Spiel können alle Kinder die einzelnen Figuren in der Bewegung darstellen und dazu die Tierstimmen imitieren.
- Die verschiedenen Figuren malen lassen.
- Die Bilder können beim Nachgestalten des Märchens eine Gedächtnisstütze sein. Das Bild vom Mond dient als Requisit: Es wird an der Decke aufgehängt und eine Abbildung des Mondes liegt auf dem Boden, „im Teich".
- Für die sprachliche Nachgestaltung brauchen die Kinder auf dieser Altersstufe noch eine Unterstützung. Deshalb übernimmt zunächst der Erzieher die Erzählerrolle und führt zum jeweiligen Gesprächsdialog hin.
- Der zweite und nächste Spieldurchgang wird freier, und die Kinder entwickeln mehr und mehr ihre Rolle. Es reifen neue Spielideen, je öfter das Spiel wiederholt wird.
- Bald kann der Erzieher seine Erzählerrolle an ein Kind abgeben.
- Irgendwann tritt der Sättigungsgrad ein. Dann ruht dieses Tun, und zu gegebener Zeit kann ein neues Märchen erzählt und nach Wunsch der Kinder wieder dargestellt werden.

## Vorschlag zu einer musikalischen Ausgestaltung

Diese Reihungsmärchen lassen sich schon mit kleinen Kindern musikalisch ausgestalten. Es spielen zwei Gruppen: Eine Instrumentalgruppe und eine Darstellungsgruppe.
- Für die Musik werden Stabspiel- und Rhythmusinstrumente eingesetzt.
- Wenn der Erzieher auf der Flöte oder der Gitarre improvisieren kann, so übernimmt er mit einem dieser Instrumente die Führung. Andernfalls spielt er auf einem Bongo oder einer Holzröhrentrommel, um das rhythmisch-gebundene Musizieren zu führen.
- Die Kinder bestimmen, welches Instrument den verschiedenen Figuren zugeordnet wird.

- Diese Instrumente stehen so aufgereiht, wie sie, entsprechend dem Auftritt der Figuren, nacheinander gebraucht werden.
- Auf den Stabspielinstrumenten (Glockenspielen, Xylophonen und Metallophonen) liegt nur eine bestimmte Tonreihe auf, z. B. eine der folgenden *pentatonischen* Reihen:

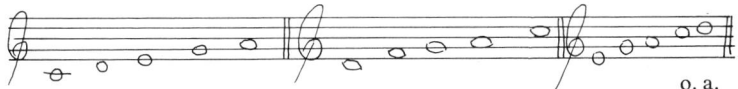

o. a.

oder eine der folgenden Reihen mit Dreiklangstönen

    d-Moll            F-Dur           G-Dur    o. a.

- Auf diesen Tönen spielen die Kinder in *freien* Rhythmen, wenn sie eine Szene untermalen, d. h. etwas mit der Musik charakterisieren. In *gebundenen* Rhythmen, d. h. mit einem gemeinsamen Grundschlag, spielen sie, wenn eine gleichmäßige Bewegung begleitet werden soll, z. B. der gemeinsame Zug der Tiere zum Dorf und wieder zurück zum Dorfteich.
- So wechseln freies und gebundenes Musizieren miteinander ab. Ein Freudentanz mit allen Instrumenten kann das Märchen beschließen.
- Improvisiert*⁾ der Erzähler mit einem Melodieinstrument dazu, dann muß er für seine Improvisationen die entsprechende pentatonische Reihe oder die Tonart der harmonischen Tonreihe benutzen.*⁾

**Gestaltungsidee**

| Erzähler: | Spielverlauf | Musik |
|---|---|---|
| Es war Nacht – alles schlief, die Enten usw. Der Mond war groß aufgegangen – er überstrahlte alles –. | Die Kinder schlafen in ihren Ställen und Betten (unter den Tischen und Stühlen) | Nacht- und Mondscheinmusik: Zarte Zimbel- und Triangelschläge, ein leises Streichen über Glockenspiele, andere Me- |

---

*) Hilfen für elementares Improvisieren sind in folgendem Buch zu finden: „Kinder gestalten Feste", Berzheim, Verlag Auer

| Erzähler: | Spielverlauf | Musik |
|---|---|---|
| Er spiegelte sich in einem Dorfteich usw. | | tallklänge, einfühlsam leise und beruhigend spielen. |
| Nur die kleine Dorfmaus schlief noch nicht. Sie kam aus ihrem Loch heraus, guckte neugierig herum, lief schnell mal hier hin, mal da hin. . . . . . . . . . . . . . . . . (Dem Kind Zeit zum Ausspielen geben) | Ein Kind mimt die Maus. Es hat seine Bewegung zu finden, sich in die Rolle hineinzuspielen, wobei ihm der Erzieher mit seinem beschreibenden Erzählen vorsichtig hilft. (Der Teich ist in der Mitte der Spielfläche eingezeichnet. Die Wege der Maus und der Tiere führen immer von weit außerhalb des Teiches spiralförmig zu ihm hin und wieder weg.) | Als „Mausinstrument" erklingt z. B. das Sopran-Glockenspiel (Gl). Das musizierende Kind imitiert frei das Hin- und Herhuschen der Maus auf seinem GL. |
| So kam die kleine Maus auch an den Teich. Und was erblickte sie darin? Den Mond! Darüber war sie ganz erschrocken und rief: | „Der Mond ist ja in den Teich gefallen! Ich wecke die Ente. Sie soll ihn herausziehen." | keine Musik |
| Und die kleine Maus ging den weiten Weg zum Entenstall. | Die Maus geht ein paarmal im Kreis herum, bis sie vor dem „Entenstall" stehen bleibt. | Eine „Gehmusik", dessen Grundschlag vom Gehtempo der Maus bestimmt wird. Der Erzähler nimmt dieses Tempo mit seinem Instrument von der „Maus" ab. Das Gl. spielt dazu mit |

| Erzähler: | Spielverlauf | Musik |
|---|---|---|
| | | demselben Grund-schlag, auf allen Tönen. |
| So kam die Maus zum Entenstall und weckte die Ente: | „Ente, liebe Ente, der Mond ist in den Teich gefallen! Hilf ihn herausziehen." | |
| Die Ente kam ganz verschlafen aus ih-rem Stall, schlug mit ihren Flügeln, reckte den Hals und schnat-terte: (Dem Kind Zeit zum Ausspielen geben.) | Ein Kind mimt die Ente<br><br>„Mitten in der Nacht fällt der Mond ins Wasser! Wo gibt es denn so etwas? Aber ich will ihn heraus-ziehen!" | Eine „Entenmusik": Freies Spiel z. B. auf dem Xylophon (Xyl.), bis die Ente antwortet. |
| Und beide gingen den weiten Weg zu-rück zum Dorfteich. | Maus und Ente wan-dern, von der Musik begleitet, im Kreis herum. | „Gehmusik": Instr. des Erziehers, mit Gl. und Xyl. im gleichen Grundschlag. |
| So kehrten die bei-den Tiere an den Teich zurück. Der Mond aber lag noch immer im Wasser. Die Ente stürzte sich kopfüber in den Teich und versuchte den Mond zu fassen und ihn herauszuzie-hen. Obwohl die kleine Maus kräftig „hauruck" rief, ent-glitt der Mond der Ente immer wieder. | Die Ente mimt das Tun. Die Maus ruft: „Hau-ruck! Zuge-schnappt! Hau-ruck! Fest gepackt!" Hau-ruck, hau-ruck, hau-ruck, hau-ruck! Dazu führt die Maus gestisch Ziehbewe-gungen aus. | Alle Instrumentalisten schlagen mit Rhyth-musinstrumenten oder ihren Schlägeln den Versrhythmus mit. |

| Erzähler: | Spielverlauf | Musik |
|---|---|---|
| Die Ente schaffte es nicht, den Mond aus dem Wasser zu ziehen und sie sagte: | „Der Mond ist mir zu schwer, wecken wir den Hund. | „Gehmusik": Instr. des Erziehers, mit Gl. und Xyl. im gleichen Grundschlag. |
| So gingen beide den weiten Weg zur Hundehütte. | Beide Tiere gehen ein paarmal um den Teich und bleiben bei der Hundehütte stehen. | |
| Da standen die Tiere vor der Hundehütte und riefen: | (Beide Tiere:) „Hund, lieber Hund, der Mond ist in den Teich gefallen! Hilf ihn herausziehen! | |
| Der Hund kam ganz verschlafen aus seiner Hütte usw. | Ein Kind mimt den Hund | „Hundemusik": Freies Spiel z. B. auf einer Trommel. |

usw.

So setzt sich das Spiel mit dem gleichen Wortlaut fort.

**Was kann ein gemeinsames Gestalten dieser Art bei Kindern bewirken?**

- Eines der wichtigsten Erlebnisse ist der Spaß am Spiel.
- In diesem Alter können sich Kinder noch nicht in größeren Gruppen zum Spiel allein organisieren. Hier aber ist es durch die Spielregeln des Märchens möglich.
- Diese Darstellung schließt so viele Kinder ein, wie in der Spielsituation anwesend sind. Ein jeder bekommt eine Funktion und ist in die Spielgemeinschaft integriert.

- Kinder identifizieren sich in diesem Alter gerne mit einem Tier. Dieses Tier kann es in die Geschichte einbringen und dann selbst darstellen. Schüchternen Kindern hilft die Anwendung dieser Methode, aus sich herauszugehen.
- Manche Kinder bringen ihr „Schlaftier" mit und lassen es die Rolle spielen, indem sie selbst für ihr Stofftier sprechen und mimen. Das ist eine Brücke für gehemmte Kinder, in die Spielgemeinschaft zu finden und Kontakt aufzunehmen.
- Da bei solch einfachen Märchen und einer pädagogisch geschickten Hinführung die meisten Kinder spontan mitspielen und auch die Rolle erfüllen können, stärkt es ihre Selbstsicherheit und nimmt ihre Rede- und Bewegungshemmung.
- Nicht zuletzt ist ein solches Nachgestalten eines Märchens ein Sprach-muster, ebenso wie es Kinderverse und Reime sind. Auch ausländische Kinder sprechen am ehesten bei solchen Spielen mit und trauen sich oft zum ersten Mal, allein vor den anderen Kindern in der ihnen unge-wohnten Sprache zu sprechen.
- Die Musik hat hier eine ordnende und schmückende Funktion. Sie ist gleichsam ein Rahmen zu einem Bild und rundet die Gestaltung ab.

Volksmärchen (frei nacherzählt)

**„Der Bauer und die Frösche"**

Alter: 7–10 Jahre

Ein Bauer hatte eine Kuh. Sie gab kaum Milch, und auch sonst war nicht mehr viel an ihr dran als ein wenig Fell, Knochen und ein Paar Hörner. Die Bauersfrau drängte ihren Mann, die Kuh endlich auf den Markt zu bringen und zu verkaufen. Der Bauer war nicht so sicher, ob die Kuh ihm noch viel einbringen würde, auch hing er an ihr. Aber schließlich wurde ihm das Gezeter seiner Frau zu viel und er machte sich eines Morgens mit der Kuh auf den Weg zum Markt. Er pries seine Kuh an, lobte über die Maßen alle Vorzüge – die sie vielleicht einmal hatte –, bis ihm ein Käufer die Kuh schließlich für 100 Mark abkaufte. Er meinte, ein sehr gutes Geschäft gemacht zu haben und begoß den guten Kauf mit einem Schnäpschen. Auf dem Heimweg zählte er auf, was er alles für das Geld anschaffen könnte: Etwas für seine Frau, etwas für sich und ein neues Jungtier. So sinnierend kam er am Froschteich vorbei. Die Dämmerung war hereingebrochen und die Frösche veranstalteten ihr Froschkonzert. „Aak – aak", schrien sie. Der Bauer verstand: „Acht-acht". Er fühlte sich von den Fröschen mißverstanden und antwortete: „Nicht acht Mark habe ich erhandelt, sondern 100 Mark!" Die Frösche riefen weiter ihr „Aak-aak", soviel der Bauer dagegensprach und ihnen das Geld sogar vorzählte. Er wurde ob so vielen Unverstands böse und warf den Fröschen schließlich das Geld in den Teich. Er sprach: „Zählt doch selber nach, wenn ihr es mir nicht glauben wollt!" Ganz aufgebracht kam der Bauer bei seiner Frau an. Diese wollte sofort wissen, ob er einen guten Handel abgeschlossen habe. „Und ob!" sprach der Bauer: „100 Mark habe ich erhandelt! Dir kaufe ich was Schönes, ein Jungtier können wir uns anschaffen, und ich kann mir auch noch was Feines kaufen!" „Ja, nun rück doch endlich einmal mit dem Geld heraus und red' nicht so viel!" sprach die Frau. „Wenn du mir auch nicht glaubst, daß ich 100 Mark bekommen habe, dann geh zu den Fröschen und zähle es mit ihnen nach. Die haben es mir auch nicht glauben wollen."

**Gedanken zur Situation**

– Dieses Märchen ist im Stil eines Bauernschwanks erzählt, ähnlich den Geschichten von Hans Sachs: Erwachsene, die sich klug dünken, begehen eine große Dummheit und schaden sich selbst. Wenn auch Kinder in diesem Alter von manchen Märchen Abstand genommen haben, so können sie sich für diese Art noch sehr begeistern.
– Der Spaß am Darstellen und Ausgestalten von Rollen ist in diesem Alter sehr groß. Die Kinder neigen in ihrem Spieleifer dazu, die Typen zu überzeichnen. Der Pädagoge kann einfühlsam zum richtigen Maß hinführen, ohne den Spieleifer zu bremsen.
– Nach der Erzählung der Geschichte kann eine Zeit der stillen Vertiefung und des persönlichen Ausdrucks durch das Malen eingeschoben werden. Der Spielleiter regt an, Hintergrundbilder, z. B. Schilf, Hauswände, Marktstände zu gestalten, die dann im Spiel die Handlungsorte kennzeichnen.
– Da das technische Interesse und die Lust am Konstruieren besonders bei Jungen dieses Alters wach wird, können sie bewegliche Kulissen bauen. Eine altersgemischte Gruppe kann für längere Zeit auf diese Weise kreativ gestalten, z. B. in Ferienlagern, zur Ferienzeit in Heimen und im Hort (Techn. Anleitung S. 34/35). Es findet jeder, entsprechend seinen Fähigkeiten, eine Aufgabe in der Gruppe. Alle tragen etwas zu einem gemeinsamen Gelingen bei, das sinnvolles Tun erfahren läßt und ein Gefühl der Dazugehörigkeit und Freundschaft vermittelt.

## Methodische Hilfen

Der Spielleiter erarbeitet mit den Kindern die einzelnen Szenen.

Szene 1. Im Bauernhaus: Besprechung und spontanes Darstellen der Auseinandersetzung zwischen Bauer und Bäuerin:
Wie sehen die beiden aus? – Wie bewegen sie sich? – Wie ist ihre Art zu sprechen? – Was sagen sie sich? (Zurechtlegen der Dialoge).
Immer wieder stellen zwei andere Kinder die Personen dar. Beim Gespräch sollen die Meinungen nicht gegeneinander gestellt werden, da die Äußerungen subjektiv sind. Die persönliche Vorstellung jedes einzelnen wird angehört, die passenden werden zusammengefaßt, so wie man Mosaiksteinchen in Form und Farbe aus der Vielfalt zu einem einheitlichen Bild zusammentragen muß.

Szene 2. Der Weg zum Markt mit der Kuh: Die Kuh kann von einem oder zwei Spielern dargestellt werden. Sie mimen das Verhalten einer alten, trägen Kuh, der der Bauer ermunternd zuredet:

– Sie will nicht so recht mitgehen.
– Sie frißt hier noch ein Büschel Gras,
– reibt sich ihr Fell an einem Baum,
– säuft Wasser am Froschteich, wo die Frösche schlafend hocken und erschrocken ins Tiefe springen.

Der Bauer geht mit der Kuh entweder freie Wege auf der Spielfläche bis zum „Marktflecken" oder sie treten pantomimisch auf der Stelle, während im Hintergrund die bewegliche Kulisse in entgegengesetzter Richtung abgewickelt wird. (Nähere Erläuterung, S. 34/35)

Szene 3. Der Handel auf dem Markt: Wie bei Szene 1 werden die Typen und die Dialoge erarbeitet. Die Szene wird spontan angespielt und von verschiedenen Spielern versucht.

Szene 4. Der Rückweg des Bauern. Er ist in Selbstgespräche vertieft.

Szene 5. Am Teich: Die Frösche hüpfen herum. Ihr Gequake nimmt in der Lautstärke zu, je näher der Bauer dem Teiche kommt. Dieses vielstimmige Geschrei darf das Sprechen des Bauern nicht übertönen. Es muß also dynamisch gut abgestimmt werden und allmählich in einen Dialog zwischen Bauer und Fröschen übergehen.

Szene 6. Zu Hause: Die Rückkehr und das Gespräch zwischen Bauer und Bäuerin.

Schlußszene: Die Pointe soll knapp und deutlich zum Ausdruck kommen. Dabei ist nicht immer gut, wenn alles ausgesprochen und ausgespielt wird. Der dumme Gesichtsausdruck des Bauern, bei dem zum Schluß vielleicht doch noch „der Groschen fällt", kann hier wirkungsvoller sein.
Die einzelnen Szenen werden mit geschickten Übergängen aneinandergesetzt.
Ein Erzähler kann durch die Handlung führen, aber bei lebhaften Spielern erübrigt er sich.

*1. Stehende Kulisse:*

Vorschläge für die Aufteilung der Spielfläche:

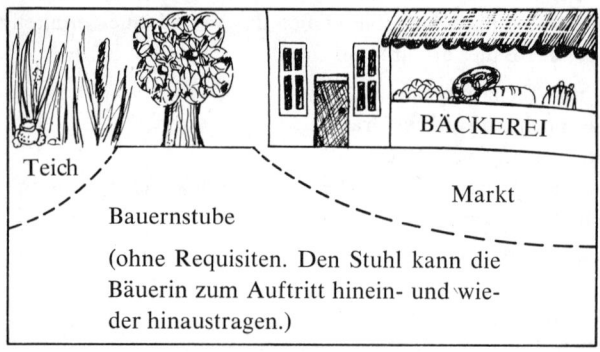

Teich

Bauernstube

Markt

(ohne Requisiten. Den Stuhl kann die Bäuerin zum Auftritt hinein- und wieder hinaustragen.)

*2. Bewegte Kulissen:*

a) Die gesamte Szene wird auf lange Bögen Packpapier aufgemalt und an den Enden auf Stangen aufgerollt.

Geht der Bauer los, so wird die Bildrolle auf einer Seite auf- und auf der anderen Seite abgedreht.

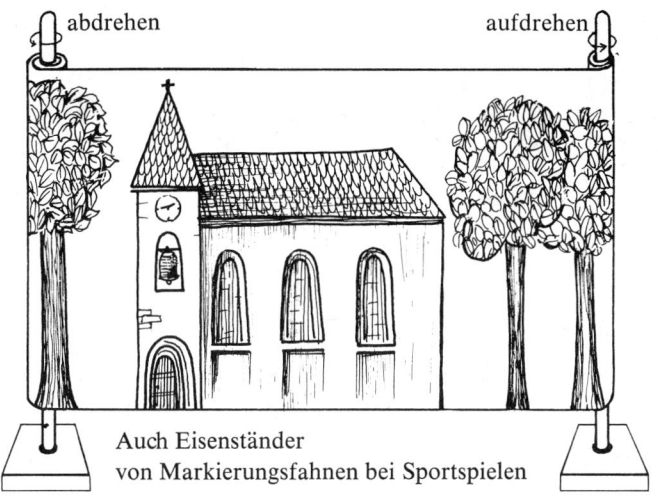

abdrehen            aufdrehen

Auch Eisenständer
von Markierungsfahnen bei Sportspielen

b) Bäume, Sträucher, Häuser, Tiere u. ä. werden aus festem Karton geschnitten. An der Rückseite wird eine Halterung angebracht. Die Kinder, die diese Requisiten halten, wandern im Gänsemarsch im Hintergrund von einer Seite zur anderen.

c) Die festen Pappkulissen können auch in eine Leiste eingelassen werden. Diese Leiste gleitet auf einer Schiene entlang, die mit einem Rundseil gezogen wird.

**Masken- und Kostümvorschläge**

Frösche: Grüne und braune Strumpfhosen, Blusen oder Pullis. Im Sommer auch nur Badehosen. Hände und Füße froschähnlich mit Pappe oder Schaumstoff gestalten:

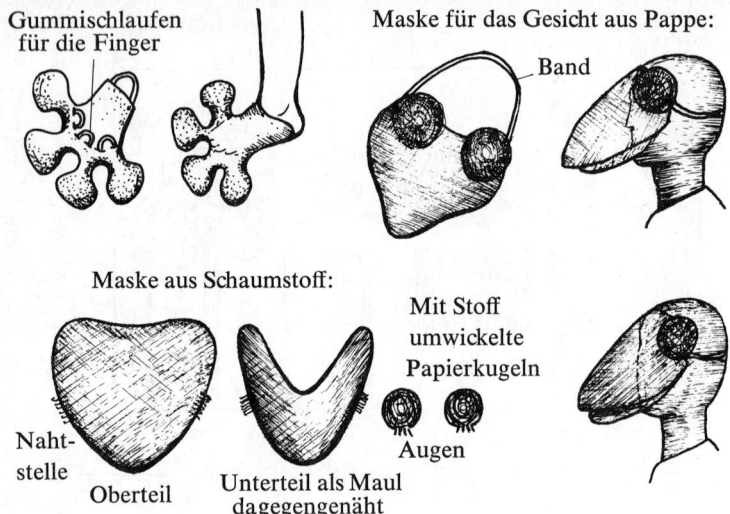

Gummischlaufen
für die Finger

Maske für das Gesicht aus Pappe:

Band

Maske aus Schaumstoff:

Mit Stoff
umwickelte
Papierkugeln

Naht-
stelle

Oberteil

Unterteil als Maul
dagegengenäht

Augen

Die Kuh: Strumpfhose und Gymnastikschuhe, eine Decke über beide Spieler werfen. Das erste Kind geht aufrecht, das zweite Kind gebückt hinter dem ersten. Sie halten sich an den Händen.

Maske der Kuh:

Eine Kopfhälfte der Kuh
aus Pappe mit Ohr und
Horn.

Stoff

Stoff

Pappe

Bänder

Stoff

Andere Märchen, wie „Hans im Glück", „Das tapfere Schneiderlein", „Tischlein deck dich!" können auf ähnliche Weise erarbeitet werden. Es ist durchaus möglich, daß nur die prägnantesten Szenen dargestellt werden. Die Überleitungen schafft in dem Fall der Erzähler. Kleine Spielmusiken von R. R. Klein, Fidula-Verlag oder aus den Orff-Schulwerkbänden*), oder geeignete Lieder geben den einzelnen dargestellten Szenen den Rahmen. Auch für den Unterricht in der Schule ist solches Gestalten keine „verspielte" Zeit. In kleinen Arbeitsgruppen können die Dialoge der verschiedenen Szenen formuliert und niedergeschrieben werden, so daß ein „Textbuch" entsteht. Die schriftliche Formulierung fällt den Kindern viel leichter, wenn dem Schreiben das Erleben im Spiel vorausgegangen ist.

**„Die Geschichte des Kalif Storch"**
ein Kunstmärchen von Hauff

Zunächst konzipierte ein Lehrerteam die Gestaltung dieses Märchens. In drei Arbeitsgruppen wurden dann die Gestaltungselemente mit den Schülern erarbeitet: mit einer Rhythmusgruppe, einem Orff-Spielkreis und einer sog. Theatergruppe. Die Musik war für das Bedürfnis der Spielgruppe, die ein musikalisch hohes Niveau hatte, entstanden. Diese hier zu veröffentlichen würde den Rahmen sprengen. Zu empfehlen sind Spielmusiken von R. R. Klein aus der Reihe „Mosaik", Fidula-Verlag und einzelne Beispiele aus dem Anhang dieses Buches. Die Dämonentänze müssen in Zusammenarbeit von Rhythmus- und Tanzgruppe erarbeitet werden. Hierfür eignen sich aufeinanderfolgende Ostinati (vgl. S. 11 und 24). Für den Storchentanz kann die Melodie des Volksliedes „Auf unsrer Wiese gehet was" verwendet und variiert werden.
Anregungen für die Kostümierung geben die Fotos von Hannelore Seebaß. Wichtig ist, daß die Kostüme trotz der Improvisation einheitlich, großzügig, aber nicht schlampig wirken.
Die *Spielfläche* soll erhöht, aber nur an der Rückseite abgeschlossen sein. Requisiten und Bühnenbilder erübrigen sich.

---

*) Orff-Schulwerk, Schott-Verlag

| Bd. I | Seite | Nr. | | Bd. II | Seite | Nr. |
|---|---|---|---|---|---|---|
| | 121 | 14 | | | 49 | 4 |
| | 129 | 31 | | | 30 | 8 |
| | 131 | 32 | | | 18 | 8 |
| | | | | | 16 | 5 u. a. |

*Verlauf des Spieles:*

*1. Einzug* aller Spieler zu einer würdigen Einzugsmusik (vgl. S. 22/23). Auf der Spielfläche bleibt das Volk zurück.

*2. Marktszene*

a) Das Volk geht frei auf der Spielfläche umher. Manche deuten mimisch-gestisch ein Gespräch untereinander an, manche schauen, begrüßen sich mit großen Verneigungen, alles mit orientalischer Intensität, aber Ruhe.

b) Der Erzähler begrüßt währenddessen das Publikum (Foto 1) und führt in die Geschichte ein. Er deutet auch die folgende Szene inhaltlich an.

c) Volksszene: Das Volk ist in kleinen Gruppen zusammengekommen und spricht einen Kauderwelsch-Vers, der mit lebhaften großen Gesten begleitet wird (Foto 2). Beispiele hierfür sind in der Gedichtsammlung von H. M. Enzensberger „Allerleirauh", Suhrkamp-Verlag, zu finden.

d) Würdevoller Auftritt des Kalifen mit seinem Großwesir, begleitet von der Einzugsmusik.
Das Volk fällt zu Boden und begrüßt den Kalifen pathetisch.

e) Auftritt des Zauberers Kaschmur als verkleideter Händler. Er preist dem Volk, zuletzt dem Kalifen die Ware an. (Foto 3) Der Kalif kauft die verhängnisvolle Schnupftabakdose.

f) Der Kalif läßt sich vom herbeigerufenen Weisen die Gebrauchsanweisung vorlesen (Foto 4).

g) Volk und Kalif ziehen nach und nach, begleitet von der Einzugsmusik, ab.

*3. Storchenszene*

a) Der Erzähler deutet das folgende Geschehen an und schafft so den Übergang zur nächsten Szene.

b) Störche tanzen auf der Morgenwiese. (Foto 5)
Kalif und Wesir beobachten.

c) Beide beschließen, sich in Störche zu verwandeln. Zeremonie des Schnupfens mit dem Zauberspruch.

d) Verwandlung: Tanz der „bösen Dämonen". (Foto 6–10) Währenddessen verkleiden sich Kalif und Wesir als Störche.

e) Die Dämonen sind weg. Kalif und Wesir bewundern sich gegenseitig. Sie versuchen den Storchentanz. Sie lachen. Das Zauberwort ist vergessen. Ratlosigkeit.

4. *Begegnung mit der Eule*

a) Der Erzähler leitet zur folgenden Szene über.

b) Müde kommen Kalif und Wesir daher. (Foto 11)
Eine ruhige Musik begleitet sie. (Vgl. Anhang Nr. IV, VII)

c) Sie bedauern sich gegenseitig. Sie hören das Rufen der Eule aus der Ruine. (Foto 12)

d) Begegnung mit der Eule. Sie oder der Erzähler berichten von ihrem Geschick. Der Kalif geht auf den Erlösungsvorschlag ein. (Foto 13)

e) Erscheinen des Zauberers mit seinen Dämonen. (Foto 14/15) Beschwörende Formeln mit dem Zauberwort „tabor" und Tanz. Dann verschwindet diese Gruppe wieder.

f) Kalif und Wesir erproben sofort das Experiment der Rückwandlung.

g) Die „guten Dämonen" erscheinen und tanzen ihren Tanz. (Foto 16/17). (Vgl. Musik S. 24)
Währenddessen kleiden sich Kalif, Wesir und Eule um. Die Dämonen verschwinden wieder.

h) Große Wiedererkennensfreude aller drei Rückverwandelten.

5. *Hochzeitsfeier:*

a) Der Kalif ruft sein Volk zum Hochzeitstanz herbei, (Foto 18–20) dazu Musik: Anhang Nr. V, S. 82, 85, 86).

b) Der Weise unterbricht den Tanz und bringt den gefangenen Zauberer. (Foto 21)
Er wird gezwungen, das Zauberpulver zu schnupfen und zu lachen. (Foto 22) Ihm wird die Storchenmaske umgebunden.

6. *Schlußszene*

a) Feierlicher Abzug zur ersten Musik. (Foto 23)

b) Der Erzähler verabschiedet sich vom Publikum.

6      7

8      10
9      11

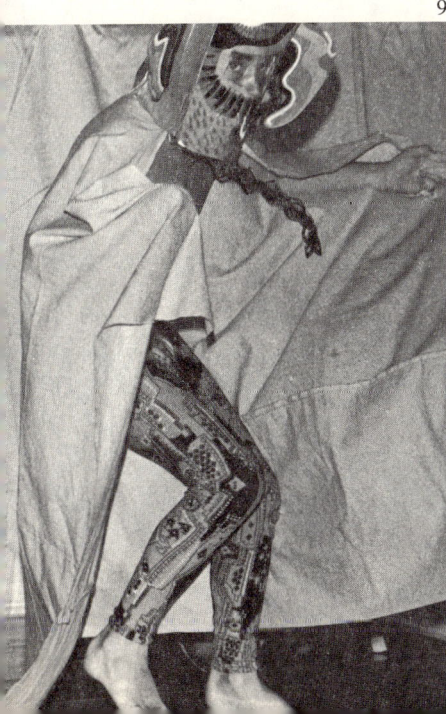

12    13

14    15

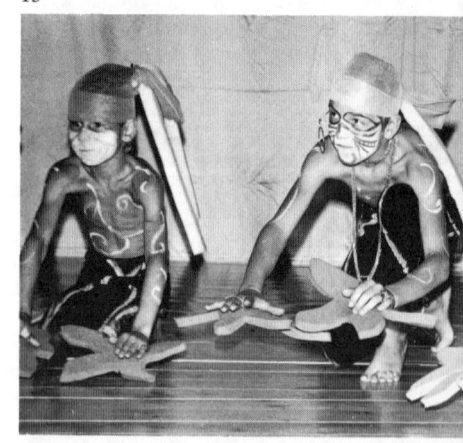

42

16    17

18    19

20

22

21

23

44

# Gestaltung nach einem Bild

**„Junge mit Hund" – von Pablo Picasso**

Alter: 7–10 Jahre

### Gedanken zur Situation

Kinder haben Bilder sehr gern. Sie lieben es, ihr Zimmer mit den Lieb-
lingsbildern auszuschmücken. Mit dem, was dargestellt ist, identifizieren
sie sich. Es sind ihre inneren Bilder, ihre Vorstellungen von sich, ihre
Wünsche und Träume. Eine lange Leiste an einer Wandseite angebracht,
an der die Kinder die Bilder aufhängen dürfen, verschandelt keine Wand.
Wenn das nicht möglich ist, so soll man ihnen erlauben, die Innenseite des
Wandschrankes zu bekleben.
Für eine Bildbetrachtung muß der Pädagoge eine ruhige Atmosphäre
schaffen und den Kindern Zeit lassen. Nach verinnerlichtem Anschauen
kann zunächst das Nachmalen des Bildes angeboten werden. Äußeres
und inneres Schauen treffen hier zusammen und das Kind gestaltet seine
eigene Aussage. Das hat nichts mit unkreativem Nachmalen zu tun.

### Bildbetrachtung

Dieses Bild erzählt sehr viel: Der Junge hält mit einer Hand einen Hund.
Ob es seiner ist? Wie mag er heißen? Ist er dem Jungen zugelaufen? Der
Junge schaut mit einem besonderen Ausdruck in eine Richtung. Was ist,
oder war da los? Er hält etwas in der Hand. Ist es ein Stein? Muß er etwas
verteidigen? Droht Gefahr? Ißt er nur einen Apfel?
Vielleicht entwickeln sich solche und ähnliche Gedanken von selbst,
wenn das Fragen einmal angelaufen ist. Der Pädagoge muß aber jeden
Gedanken der Kinder aufgreifen. So ist es durchaus möglich, daß mehr
handelnde Figuren der Geschichte hinzugefügt werden.
Auf diese Weise entsteht eine „*Spielgeschichte*". Es gibt noch andere
Darstellungen mit Kindern von P. Picasso: „Kind mit Taube", „Der Zir-
kusjunge", „Knabe mit Esel".
Murillo hat auch sehr aussagekräftige Kinderdarstellungen in verschiede-
nen Ausführungen gemalt, z. B. „Die Trauben- und Melonenesser".
Auch sie regen zu lebhaften, ereignisreichen Spiel-Geschichten an.

## Umsetzung in die Spielszene

Die entwickelte Spielgeschichte wird spontan nach dem Muster von gespielten Märchen (siehe Seite 31, 37) in Szene umgesetzt. Bei den ersten Spieldurchgängen gibt der Pädagoge als Erzähler dem Geschehen die Dichte.

All diese ersten sprachlichen und darstellerischen Versuche sollten auf Tonband festgehalten werden, um aus dem spontanen Vielerlei eine gültige Gestaltung zu formen, nachdem die Versuche gemeinsam überprüft wurden.

Sind viele Spielgeschichten entstanden, so kann sich jedes Kind eine aufschreiben; alle zusammen stellen ein gemeinsames Geschichtenbuch dar.

# Gestaltungen nach Bilderbüchern

**„Frederick" von Lionni, Middelhauve-Verlag, Köln**

Alter: 4–6 Jahre

## Gedanken zur Situation

Das kleine Kind hat nur ein undifferenziertes Zeitgefühl. Dieses entwikkelt sich erst in einem späteren Alter. Die heutige Umwelt aber verlangt dem Kind ein Zeitbewußtsein ab: Bei seinem Weg zum Kindergarten muß es z. B. an sein Ziel, also vorausdenken. Bis es im Kindergarten angekommen ist, erlebt es so viele Dinge, die sich täglich verändern und *nichts* mit dem Ziel zu tun haben. Es ist eigentlich gar nicht so verwunderlich, wenn ein kleines Kind, das um acht Uhr von zu Hause fortgegangen ist, erst um 10 Uhr im Kindergarten ankommt. Es war denselben Weg gegangen, für den es sonst 15 Minuten brauchte. Da war nur eine neue Baustelle mit einem riesigen Bagger. Den hat es sich angeschaut und ist dann auch „gleich" zum Kindergarten gegangen. Zu spät? Was ist das? Zeit? Was ist das? Manche Bilderbücher schildern einen Zeitablauf und machen diesen in Bildern für das Kind sichtbar und überschaubar. Das Bilderbuch „Frederick" hält einen Zeitablauf fest. Was gewesen war, was gerade geschieht, und was geschehen wird. Hier vermag das Kind das ganze Geschehen zu überblicken. Es bekommt vom Ablauf der Ereignisse ein Bild und lernt auf diese Weise, sich selbst eine Vorstellung von Abläufen und Vorgängen zu machen.

## Einsatz des Bilderbuches

Bei einem Bilderbuch kann das Kind verweilen, meditieren. Seine Phantasie wird angeregt, die Verbindungen von einem Bild zum anderen zu schaffen. Die Bilder werden lebendig.
Dieses Buch „Frederick" ist sehr beliebt und hat sicher in jedem Kindergarten seinen Platz gefunden.
Die Erzieherin liest die Geschichte vor. Bevor man mit der Darstellung der Bilderbuchgeschichte beginnt, muß es oft betrachtet worden sein. Alle Kinder sollten in das Buch hineinschauen können.

Vielleicht verlangen die Kinder von selbst, die Geschichte nachzuspielen. Wenn von der Ernte die Rede ist, oder von der Vorbereitung der Tiere für den Winter, dann verdeutlicht diese Geschichte sehr gut die Vorsorge mancher Nagetiere.


## Gestaltungsidee

– Die Szenen des Bilderbuches sind den Kindern vertraut. Die wenigen Dialoge haben sie im Ohr. Die Erzieherin kann schon beim Vorlesen die Kinder die Dialoge hineinsprechen lassen. Auf diese Weise prägt sich der Wortlaut der Szenen ein, ohne daß „Rollen gelernt" werden müssen. Kinder, die sprachlich gewandter und sicherer sind, können dazu angehalten werden, das zu formulieren, was *sie als Maus* dem Frederick sagen würden, wenn er so unverständliche Dinge tut, wie in die Sonne gucken, statt Körner für den Winter zu sammeln.
Das ist eine Gesprächssituation, die die Kinder an bekannte Szenen im Elternhaus erinnern: „Was guckst du wieder Löcher in die Luft, hilf mir lieber, mach dich nützlich"! u. ä.
– Die Mimik und Gestik, das emsige Sammeln der Mäuse, das Ordnen der Vorräte, das ruhige, meditative Verhalten Fredericks wird dem Szenenspiel wieder vorweggenommen, indem alle Kinder gemeinsam den Frederick und alle die Nahrung sammelnden Mäuse darstellen.
– Es muß nicht das ganze Geschehen nachgespielt werden, zunächst nur die beliebtesten Bilder.
– Der Erzieher übernimmt die Erzählerrolle, die er später auch einem Kind übertragen kann.
– Auch diese Gestaltung läßt sich mit Musik ausbauen. Manche Szenen verlangen direkt danach. Die Mäuse „tanzen und sind fröhlich". Die Kinder singen ein bekanntes Tanzlied und bewegen sich dazu. (Siehe auch Tanzvorschläge Seite 66 ff.)
Die Geräusche des Knabberns und des Herumlaufens der Mäuse imitieren die Kinder mit klangcharakteristischen Instrumenten, wie Rasseln, Fellinstrumenten (leichtes Fingertrommeln und Reiben), Klanghölzchen u. a.
– Die letzte Szene, bei der Frederick die Freunde an seinem Vorrat teilhaben läßt, kann mit freien Klängen ausgeschmückt werden. Die Kinder untermalen das Erzählte mit klangcharakteristischen Instrumenten. Das können sie nur, wenn sie mit den verschiedenen Instru-

menten eine bestimmte Klangvorstellung verbinden, d. h. die Klangeigenschaften der Instrumente durch Musizieren erfahren haben. Zunächst führt der Erzähler durch sein Erzählen die musikalische Gestaltung: „Nun *hörten* die Mäuse sogar die Sonnenstrahlen und fühlten ihre Wärme zugleich" (freie Musik) oder „. . . Als die Mäuse die Augen zumachten, sahen sie nicht nur die roten Blumen, sondern sie *hörten* sie auch (freie Musik) . . . Die blaue Blume klang ganz anders (freie Musik) . . ."

Ein solches Spielen und Gestalten ist ein Meditieren, ein Aufschließen der Sinne, ein Nachspüren feinster Reize, ein Ein- und Ausströmenlassen dessen, was wahrnehmbar ist. Dieses emotionale Erleben wird durch das spontane Zusammentragen der Beiträge aus der Gruppe bereichert. Das stärkt die Selbstsicherheit der einzelnen Kinder in der Gruppe, es gibt schüchternen Außenseitern einen Platz in der Gemeinschaft. Hier wird auf kindlicher Ebene Gemeinschaft erfahren.

*Mögliche Musikgestaltung zum Mäusetanz*

1. Musik mit Rhythmusinstrumenten:

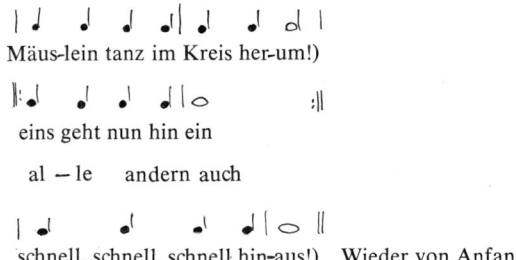

Mäus-lein tanz im Kreis her-um!)

eins geht nun hin ein

al — le andern auch

schnell, schnell, schnell hin-aus!) Wieder von Anfang!

Die Texthilfen unterstützen den Rhythmus und geben in diesem Fall auch den Tanzablauf an.

2. Musik mit Stabspielen und Rhythmusinstrumenten:

Flöte oder Glockenspiel (Erzieher)

Im Grundschlag dazu auf den Stabspielen
mit diesen Begleittönen spielen:

Oder zur Melodie einen ostinaten Satz für geübte Spieler: Einsatz der
Melodie

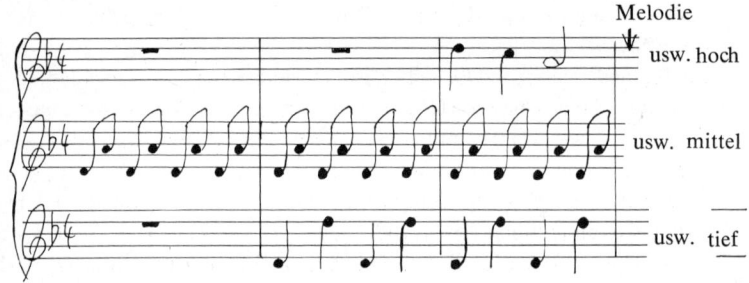

usw. hoch

usw. mittel

usw. tief

Zunächst tanzen die Kinder frei zur Musik ihren Mäusetanz. Der Erzieher greift die Bewegungselemente auf und ordnet sie zu einer Tanzform.

So könnte folgender Tanz zur vorausgegangenen Melodie entstanden sein:

Erster Melodiedurchgang:
Die Mäuse trippeln auf der Kreislinie.

Zweiter Durchgang:
Während der ersten beiden Takte trippelt eine Maus in die Kreismitte, die übrigen klatschen auf ihrem Platz, während der nächsten beiden Takte trippeln alle anderen nach.

Dritter Durchgang:
Alle Mäuse trippeln wieder aus der Kreismitte heraus auf ihren Platz und drehen sich dort im Kreis. Dabei begleiten sie sich mit Schnalzen.

*Bilderbücher, die sich in ähnlicher Weise zur Nachgestaltung eignen:*

„Alexander und die Aufziehmaus", „Theodor und der sprechende Pilz"
von Lionni, Middelhauve-Verlag Köln.

„Die kleine Raupe Nimmersatt" von Eric Carle, Stalling-Verlag
„Die kleine Maus sucht einen Freund" von Eric Carle", Stalling-Verlag
„Der Hirte" von Helga Aichinger, Press-Verlag, Linz
„Elmar" von David McKee, Parabel-Verlag

**„Josa mit der Zauberfidel" Janosch, Parabel-Verlag**

Die Geschichte dieses Bilderbuches wird auch noch gern von *Schulkindern* gespielt. Die Zaubergeige wird durch eine Lotosflöte (Zugflöte) ersetzt. Die Wandermusik zwischen den einzelnen Szenen kann den Orff-Schulwerkbänden entnommen werden, z. B. Band I S. 121, den Spielmusiken von R. R. Klein aus dem Fidula-Verlag*. Das folgende Lied durchläuft die ganze Geschichte und verbindet die einzelnen Szenen miteinander. Es beteiligt mehrere Kinder am Musizieren und ist auch ohne große technische Spielvoraussetzung mit Orff-Instrumenten zu begleiten.

*Text des Liedes:*

Str. 1–4    Ich such den Weg zum alten Mond, das ist mein einzig Ziel.
1/: Die Leute, die ich frage, die sagen mir nicht viel!:/
2/: Die Leute, die ich frage, die haben nicht sehr viel!:/
3/: Was klein ist, das wird größer sein, wenn auf
    der Flöt' ich spiel.:/
4/: Und was zu groß ist, das wird klein, wenn auf
    der Flöt' ich spiel.:/
KV: zu
Str. 1–4    Geh immer gradeaus, mal rechts, mal links.
/: ein Weg führt dich zum andern, wohin du immer gehst.:/

Auch diese Bilderbuchgeschichte kann methodisch nach dem vorausgegangenen Beispiel erarbeitet und dargestellt werden.

---

* Oder aus dem Anhang Seite 75, 76, 78, 86.

# Wanderlied von Josa

A  Josa

1.-4. Jch such den Weg zum al-ten Mond, das ist mein einzig Ziel.

1. Die Leute, die ich fra-ge, die sagen mir nicht viel. sagen mir nicht viel.

B  Alle

1.-4. Geh immer grade aus, mal rechts, mal links.

Ein Weg führt dich zum an-dern, wo-hin du im-mer gehst.

Ein Weg führt dich zum an-dern, wo-hin du im-mer gehst.

Ostinater Satz:

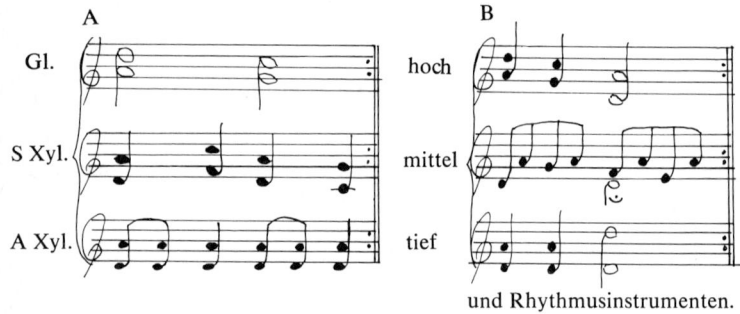

Gl.

S Xyl.

A Xyl.

hoch

mittel

tief

und Rhythmusinstrumenten.

*Oder* Begleittöne

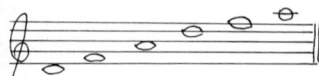

*Oder* Gitarre und Rhythmusinstrumente.

A = Langklingende Instrumente,
Glockenspiel, Metallophon (Met.)
mit halben Werten (♩) und Trian-
geln, Zimbeln.

B = Holzinstrumente: Xylopho-
ne, Viertelwerte (♩ ♩ ♩ ♩')
Rasseln und Trommeln usw.

# Tanzgestaltungen zu Liedern

### Gedanken zur Situation des Singens mit Kindern

– Kleinen Kindern fällt es noch recht schwer, treffsicher zu singen und ihre Stimme Mitsängern anzugleichen.

– Inneres und äußeres Hören müssen miteinander abgestimmt werden, ebenso die innere Tonvorstellung mit der Tongebung. Beides übt das Kind nur dann, wenn ihm überhaupt die Möglichkeit gegeben wird, oft in der Gruppe oder mit einem Partner zu singen.

– Es ist ein Lernprozeß, der schon im Säuglingsalter beginnen müßte. Die Mutter singt dem Kind Wiegenlieder vor, dann die Kniereiterlieder auf dem Schoß, die wiederum von den Fingerliedern abgelöst werden. Diese Zeit des Hörens, des innerlichen Aufnehmens, Mitlallens und Mitsingens ist für die Entfaltung der kindlichen Singstimme und seines musikalischen Empfindens sehr wichtig. Leider erleben das nicht mehr viele Kinder in ihrem Kleinkindalter. Holt der Kindergarten das Versäumte nicht nach, so beraubt man das Kind einer elementaren Erlebnis- und Ausdrucksmöglichkeit.

– Ein gutes stimmliches Vorbild, worunter eine schlichte, klare Singstimme zu verstehen ist, und die Freude der Erzieherin am Singen, sind die besten didaktischen Mittel.

– Es ist auf den Tonumfang der Lieder zu achten. Bei sehr kleinen Kindern sollte nicht unter das F' und über das C"

gesungen werden. Wenn Lieder zu tief notiert sind, muß der Erzieher sie höher singen und musizieren. Sind die Kinder im Singen geübter, so können auch tiefere Töne, wie sie bei Auftaktliedern üblich sind,

als Absprungtöne einbezogen und der Tonumfang nach oben erweitert werden. Doch soll das Kind nicht unnötig laut singen oder gar drücken.

Eine gesunde, kräftige und klare Stimme setzt nicht nur gute Stimmbänder, sondern auch innere Sicherheit voraus. Ängstlichkeit und Verunsicherung beeinflussen sofort die Stimme. Das sollte man bedenken, um nicht durch falsche Anforderungen die Stimme zu schädigen.

Es gibt bereits eine Reihe von Liederbüchern, in denen solche Regeln beachtet werden:

„Rummelbummel" Thilde Lorenz, Fidula-Verlag
„Das Liedernest" von Rockel, Fidula-Verlag
„Tanzkarussell" von Gaß-Tutt, Fidula-Verlag
„Der Bulldog der macht dog-dog-dog", von Menschik, Don Bosco-Verlag
„Kinder gestalten Feste . . .", von Berzheim, Auer-Verlag

Liederbücher, die viel altes und neues Liedmaterial anbieten, wobei jedoch viele Lieder erst in eine günstigere Stimmlage transportiert werden müssen, sind:

„Ludi musici" I von W. Keller, Fidula-Verlag
„Willkommen, lieber Tag" I und II von R. R. Klein, Diesterweg-Verlag
„Die Zugabe" I, von Lemmermann, Fidula-Verlag u. a.


**Das Atmen beim Singen**

– Eigentlich atmet jedes Kind beim Singen, wenn es gelöst ist, richtig. Die volkstümlichen Kinderlieder weisen sehr kurze Phrasen auf, nach denen in ganz natürlicher Weise „nach Luft geschnappt" werden kann.
Eins zwei drei, (neuer Atem)
bigge, bagge bei, (neuer Atem) usw.
– Angst hemmt den freien Atemstrom, also schaffe man den Kindern eine angstfreie Atmosphäre.
– Nach angespannten Situationen und an Tagen, an denen die Kinder sich im Zimmer aufhalten müssen, empfiehlt es sich, kleine Atemspiele zu machen.


**Atemspiele**

1. Die Kinder sich rasch und kräftig bewegen lassen, dann atmet die Lunge von allein sehr kräftig aus und ein.

2. Beim Liegen auf dem Rücken wird eine tiefe Bauchatmung gefördert. Beim Liegen auf dem Bauch oder in Hockstellung wird die Flankenatmung angeregt.
3. Vorstellungshilfen:
   *„Ein fahrender Zug".*
   - Langsam fährt die Dampflok aus dem Bahnhof (tschi-tschi . . .)
   - Ihr Tempo nimmt zu . . . (tschitschitschi)
   - Den Berg hinauf wird sie wieder langsamer – fast schafft sie es nicht mehr . . . (tschi . . . tschi . . . tschi)
   - Schnell geht es den Berg wieder hinab . . . (tschitschitschi)
   - Eine Kuh steht auf dem Bahndamm! Die Warnhupe heult auf (Huup-huup!)
   - Gemächlich geht die Fahrt weiter . . . (tschi-tschi)
     Der Zug läuft auf dem Bahnhof ein (ausklingendes tschi . . . tschi . . .
     Dampf wird abgelassen (Tsch - - - – tsch - - - . . .)

*„Spaziergang"*

   - Wir gehen durch einen Sommerwald. (Frei durch den Raum schlendern)
   - Wir atmen ganz voll die würzige Luft ein. (Durch die Nase ein – durch den offenen Mund mit einem wohligen A-Laut den Atem ausströmen lassen).
   - Ein besonderer Geruch erregt die Aufmerksamkeit, aber woher kommt er? (In der Gegend herumschnuppern:
     Schnüffelndes Atmen, kurzes abgehacktes Einatmen durch die Nase und tiefes, lautes Ausatmen durch den Mund).
   - Da ist das, was so gut riecht: Ein Rosenstrauch! Wir riechen an den Rosen. (Tiefes Einatmen durch die Nase – Ausatmen durch den offenen Mund mit dem Laut „A".) usw. . . .

*„Ein Fahrradreifen wird aufgepumpt"*

   - Der Bauch ist der Schlauch. (Einatmen durch die Nase in kurzen, abgesetzten Intervallen)
   - Der Schlauch ist voll. (Etwas die Luft anhalten)
   - Der Schlauch hat ein kleines Loch, aus dem die Luft leise entweicht (Ffffffffff . . .)

- Oder: Der Schlauch platzt plötzlich (Ausstoßen des ganzen angestauten Atems: „Pa")

u. ä. „Atemgeschichten"

Der Erzieher erzählt und macht das Atemspiel mit. Auch hier ist das richtige Vormachen von großer Wichtigkeit.

Da kleine Kinder kaum fähig sind, Körpergefühle zu lokalisieren, kann ein Bewußtmachen der Atemführung eher schädlich als förderlich sein.

Nach Möglichkeit sollen die Fenster bei Atemspielen geöffnet sein, es darf aber kein Durchzug herrschen. Auf jeden Fall muß vor und nach den Übungen kräftig durchgelüftet werden.

Wenn Kinder, bei solchen Übungen zu starkem Hustenreiz neigen, sollte man mit diesen Atemspielen vorsichtig sein und eventuell den Kinderarzt befragen.


**Kinderlied: „Morgens früh, um sechs"**

von W. Keller aus „Ludi musici" I, Fidula-Verlag

Alter: 4–7 Jahre

- Dieses Lied ist ein einfacher Auf- und Abgesang. Es findet seinen Platz in der Faschingszeit oder im Anschluß an das Bilderbuch „Da nahm die Hex den Zauberstab"*)
- Da der erste Liedteil, der für den folgenden szenischen Tanz in Frage kommt, etwas tief liegt, muß er in eine höhere Lage zum Singen und Musizieren transponiert werden.

Originaler Anfang:          Transponierte Lage:

Mor-gens früh um 6          Mor-gens früh um 6

- Für die letzte Strophe können Kinder eigene Melodien finden.

---

\* von Rolf Neumann/Jürgen Wulff, Stalling-Verlag

56

**Gestaltungsidee**

– Der Erzieher singt das Lied vor.
– Im Gespräch wird nochmals festgelegt, was die kleine Hexe alles tut.
– Der Erzieher singt eine Phrase von zwei Takten vor, die Kinder versuchen diese gleich nachzusingen. Dann folgen die nächsten zwei Takte.
– Bei diesem Singen können die Kinder dazu angehalten werden, gestisch das Tun der kleinen Hexe nachzuvollziehen: Das Schlurfen in Pantoffeln, das Rübenschälen, Kaffeemahlen usw.
– Vielleicht möchten einige Kinder die Tätigkeiten der Hexe malen.
– Mehrere Kinder können gleichzeitig die kleine Hexe darstellen. Eine andere Gruppe spielt die Kinder, „die zu Tische kommen". Wer keine der Rollen übernehmen will, musiziert.
– Das Lied fordert zu einem rhythmischen Zwischenspiel heraus. Die Arbeitsgeräusche können nach jeder Strophe in der Länge von vier Takten (der Liedlänge entsprechend) auf Instrumenten imitiert werden:
  ● Das Klappern der Pantoffeln mit Kokosschalen (oder Joghurtbechern)
  ● ein Schabegeräusch: Hin- und Herstreichen auf einer geriffelten Fläche (Waschbrett o. ä.)
  ● Kaffeemahlen: Rasseln
  ● Wieder Pantoffelgeklapper
  ● Holz und Späne holen: Klangstäbe
  ● Feuergeprassel: Rasseln
– Nach der letzten Strophe folgt ein Hüpftanz: Eine Phrasenlänge einzeln im Raum frei herumhüpfen, in der nächsten Phrase zu Paaren.

Musik zum Hüpftanz

Die Erzieherin spielt die Melodie auf der Flöte und einige Kinder begleiten mit allen Rhythmusinstrumenten.
Die Melodie kann aber auch auf Silben gesungen werden, (ha-ha oder hi-hi) wobei die Kinder mit Schellen begleiten.

*Mögliche Stabspielbegleitung zum Lied:*

Die angegebene Begleitung, ein Auf- und Abspielen einer Fünftonreihe, ist für Fünf- bis Sechsjährige spielbar. Es fällt ihnen vielleicht leichter, diese in der Achtelbewegung, (d. h. jeden Ton doppelt anschlagen) zu spielen.

57

Wenn das Lied in „e" gesungen wird, hieße es so:

von W. Keller

**Hexentanz:**

Flöte oder Glockenspiel:

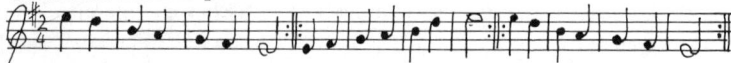

Die Kinder musizieren im Liedrhythmus frei
auf den „Begleittönen".

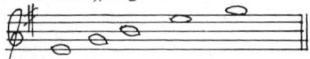

**Kanon als Tanzlied**

Alter: 10 Jahre und älter (entnommen dem „Fidula-Almanach 77)

vereinfacht!                                    (Volksgut)

Tom bai, tom bai    ⁒.        ⁒.        ra la la, ra la la,

ra la la la la la    ra la la la    ⁒.        ⁒.        la la.

Zwei verschiedene ostinate Begleitsätze. Dazu beliebig viele Rhythmusinstrumente,
die sich mit den Kanoneinsätzen steigern.

Für weniger geübte Spieler diese „Begleittöne":

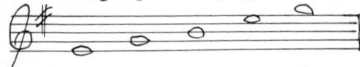

- Einen Kanon zu einem Tanz gestalten heißt, auch in seiner Choreographie die musikalische Gesetzmäßigkeit eines Kanons berücksichtigen: Dieselben Melodiephrasen werden nach einem bestimmten Abstand von einer nachfolgenden Stimme wiederholt, während die vorausklingende Stimme weitersingt. Das kann zwei- oder wie hier drei- und mehrstimmig erfolgen.
- Für zehnjährige Schulkinder sind solche musikalischen Formen durchschaubar und jeder Lehrer kann sie mit ihnen erarbeiten. Ebenso können sie Elemente des Tanzes und ihre Gesetzmäßigkeiten formulieren.
- Nachdem das Lied von den Kindern sicher im Kanon gesungen und begleitet wird, beginnt die gemeinsame Erarbeitung des Tanzes.
- Zum einstimmigen Lied sich frei bewegen: Geh- und Laufschritte ausprobieren, Bewegungsrichtungen bedenken.
  - Der Pädagoge läßt einige Formen vor- und nachmachen.
  - Die Kinder entscheiden sich für drei Formen, die voneinander sehr verschieden sind.
  - Die drei Formen werden aneinandergereiht und zunächst frei im Raum getanzt.
  - Dann tanzen und singen drei Gruppen im Kanoneinsatz diese Bewegungsabfolge.
  Die Kinder lernen hierbei, auf den anderen zu hören und zu schauen. Auf diese Weise können sie einen Kanon auch optisch erfassen.
- Schrittkombinationen allein machen noch keinen Tanz aus. Es fehlt der gestaltete Bezug zum Raum, (die Raumwege und Raumformen, die Gruppierung und Fassung).
- Ist das Tanzen mit den Kindern bisher gepflegt worden, so bringen sie ihre Ideen zur Erarbeitung dieser Elemente ein. Der Pädagoge hält sich zurück und übernimmt die Rolle des Beraters.
  Sind die Kinder noch wenig im Gestalten geübt und haben sie auch zu wenig Tanzvorstellungen, dann muß der Pädagoge mit seinem Wissensvorsprung den Kindern behilflich sein.

Möglicher Kanontanz:

Gruppierung:
Drei Gruppen nebeneinander
auf der Kreislinie:

Fassung: Jeder faßt die Hand des
zweiten Nachbarn vor dem
Körper.

Die Gruppe, die den ersten Kanoneinsatz tanzt, nimmt nach der
letzten Tanzfigur den leeren
Platz ein, die zweite Gruppe den
leergewordenen Platz der ersten
Gruppe, usw.

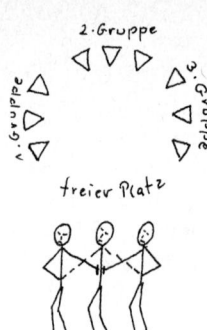

Schrittmaterial:

(Wiederholung in
Gegenrichtung

1. Teil: Seit - an / seit - an / seit - an / seit - tip // Seit - an
   re.     li.                                              li.    re.

2. Teil: Nachstellschritt:

Vor - ran - vor / Vor - ran - vor / Vor - ran - vor / Vor - ran
(re.    li.   re.    li.   re.   li.  · · · ·
ra - la - la,   · · · · ·        (Wiederholung zurück)

3 Teil: Kleine Laufschritte:

re.    li.   · · · · ·              Wiederholung nicht zurück,
rala lala lala la  · · · · ·       sondern zum freien Platz.

Richtungen:
1. Teil: Seitlich auf der gedachten Kreislinie mit kleinen Anstellschritten
   nach rechts und wieder zurück.
2. Teil: Zur Mitte und wieder zurück
3. Teil: Kleine Laufschritte hintereinander auf der Kreislinie nach rechts
   zum leeren Platz.

Zuerst wird der Tanz „einstimmig" getanzt, dann im Kanon. Die pausierenden Gruppen wippen leicht auf und ab.

*Der Abschluß:* Nachdem jede Gruppe ihren Einsatz dreimal gesungen und getanzt hat, bleibt sie an dem letzten Platz wippend stehen. Der Kanon klingt nacheinander aus.

Einstimmig singen alle nochmals die Melodie und laufen mit leichten federnden Schritten in einer großen „Schlange" von der Tanzfläche.

# Tanzgestaltung mit Bambusstäben für Jungen

Alter: 7–12 Jahre

**Gedanken zur Situation**

Auf Seite 9 ist bereits darüber gesprochen worden, daß Jungen von einem bestimmten Alter ab das Tanzen als „Weiberkram" abtun und wie man dem entgegenwirken kann.
Folgender Tanz entstand aus der Vorstellung alter Schwerttänze, wie sie noch heute in vielen Ländern in stilisierter Form von Männern getanzt werden.
Auch hier finden die Jungen selbst die verschiedenen Kampfmöglichkeiten, die den Soloteil darstellen.
Daß es bei diesem freien Probieren sehr lautstark zugeht, gehört zur Sache. Die spontanen Rufe sollen in die Gestaltung mit einbezogen werden.
Bei diesem Tanz, dessen Charakteristikum die vielfältig variierte Form ist, läßt sich das Prinzip des *Rondos* (A – B – A – C – A – D – A) anwenden. Eine gleichbleibende Tanzform, der sog. A-Teil, verbindet die verschiedenen Kampfformen der Soloparts (B/C/D).

*Gestaltungsidee A-Teil des Tanzes:*

Eines der unten aufgeführten Lieder könnte mit Text oder auf Silben gesungen werden. Es ist auch möglich, die Melodie auf der Flöte zu musizieren.

> „Hei, die Pfeifen klingen" und
> „Fing mir eine Mücke heut", aus „Unser Liederbuch" Klett-Verlag
> „Horch, die Glocke tönt"
> „Pfeifer Tim" und
> „Sascha geizte mit den Worten" aus „Meine Stimme klinge", Christophorus-Verlag
> u. ä.

Zu dieser Musik gehen die Buben hintereinander – mit einer Hand die Schulter des Vordermannes gefaßt, in der anderen den Stab – auf einer Kreisbahn eine ganze oder eine halbe Runde, je nach der Länge des Liedes. An den Fußgelenken tragen sie Schellen.

24

Verschiedene Schrittarten:

| ♩ ♪        ♩         ♪        ♪ |

(re.) tipp   (re.) Schritt   (li.) tipp   (li.) Schritt        (Foto 24)

− Stampfschritt
− Wechselschritt
− Schleifschritt mit hochgezogenem Knie.

B-/ C-/ D-Teile des Tanzes:

Die Gruppe steht, stampft einen Rhythmus mit den Stäben auf den Boden und begleitet die Fechtkünste der Zweikämpfer mit Zurufen: Ho!-Ho!- oder Hei-ho!-Hei-ho! u. ä. in der Länge des vorausgegangenen Liedes.

Währenddessen treten zwei Jungen vor die Gruppe und zeigen ihre Kampfform. Z. B.

1. Seitliches Aneinanderschlagen der Stäbe zu jedem Ho-Ruf.
2. Abwechselnd schlagen die Fechter auf den waagrecht gehaltenen Stab des anderen. Der Wechsel wird mit Ho-Rufen begleitet.
3. Beide Jungen halten die Stäbe mit beiden Händen und springen sich bei jedem zweiten Ho-Ruf an!
4. Einer schwingt den Stab unter den Füßen des Partners durch. Der Partner springt hoch und schlägt mit seinem Stab über seinem Kopf einen Kreis. Auch dieser Sprung wird abwechselnd durchgeführt und mit Ho-Rufen begleitet.

u. a. (Foto 25/26/27)

25

26

27

# Kinder tanzen zu Schallplattenmusik

## Allgemeine Beobachtungen

Hören kleine Kinder Musik, so beginnen sie spontan zu tanzen. Was heißt hier „tanzen"? Seine eigenen Bewegungsmöglichkeiten der Musik nach eigenem Empfinden spontan zuordnen. Man könnte auch sagen, dem Gehörten über die Bewegung Ausdruck verleihen. Wie sieht der Tanz eines Kleinkindes aus? Das Kind kann stehen: Es nickt mit seinem Kopf, wippt mit seinem Oberkörper auf und ab und federt in den Knien. Kann das Kind bereits gehen, so bezieht es den Raum ein: Es bewegt sich zumeist seitlich, es dreht sich im Kreis und erlebt den Taumel. Der Lustreiz löst Schreilaute aus. Das kann ein Kind bis zur Erschöpfung tun. Es wird müde und weint. Ganz wichtig ist es, nach einem solchen Rauscherlebnis das Kind gütig zu beruhigen, durch Wiegen oder Streicheln und ruhiges Summen, so daß es sich entspannt und einschläft.

Mit zunehmender Bewegungssicherheit wird der Bewegungsausdruck des Kindes zur Musik vielfältiger, zumal es nun großzügiger den Raum einbeziehen kann. Doch tanzt es noch lange Zeit für sich allein. Später bezieht das Kind seine Puppen und Tiere mit ein. Es versucht den gemeinsamen Tanz auch mit einer Bezugsperson. Doch die Erwachsenen reagieren oft nicht rasch genug auf die Ideen des Kindes. Es fühlt sich gestört und „mag nicht mehr". Wenn es der Erwachsene versteht, sich mit seiner Bewegung in einen echten Dialog auf die Ausdrucksebene des Kindes zu begeben, so lernt das Kind in einer solchen Situation über die Bewegungsbeziehung eine Kommunikation einzugehen. Es fühlt sich verstanden und angenommen. Es ist bereit, neues anzunehmen und umzusetzen. Außerdem bereichert das Kind sein Bewegungsrepertoire und die Kombinationsmöglichkeiten. Es lernt ein neues Tanzelement hinzu, die Tanzfassung, durch die die Raumbeziehung neu erfahren wird. Welche Musik ist es, die Kinder zum Bewegungsausdruck, zum Tanzen reizt? Das ist sicher jede Musik, die als Tanzmusik entstanden ist, z. B. folkloristische oder höfische Tanzmusiken aus alter Zeit. Sie weisen elementare Grundformen auf, wie

die Liedform: A–B oder A–B–A oder
die Rondoform: A – B – A – C – A.
Rhythmus und Tempo bestimmen den Tanzcharakter.

Bei kleinen Kindern müssen sich die Phrasen der Musiken (die Abschnitte A oder B) klar voneinander abheben, z. B.

– durch die Instrumentierung:
   A = Flöte, B = Streicher
   A = alle Instrumente, B = Soloinstrumente o. ä.
– durch verschiedene Tempi:
   A = langsam, B = schnell
– durch verschiedene Tonarten oder Tongeschlechter:
   A = G-Dur, B = D-Dur
   A = Dur, B = Moll

Nicht jede für Kinder komponierte Musik entspricht der allgemeinen kindlichen Hörfähigkeit. So ist die Musikgeschichte von Prokofieff „Peter und der Wolf" eine recht komplizierte Musik in ihrem Aufbau. Sie „macht Stimmung", aber auch nur im Zusammenhang mit der Erzählung. Ohne Geschichte beeindruckt sie kaum. Das Hörinteresse flacht bei den kleinen Zuhörern sehr rasch ab. Dagegen ist zu beobachten, daß Fünfjährige gerne den 1. Satz des Piccolokonzertes in C-Dur von Vivaldi hören wollen, wozu sie sich tänzerisch bewegen. Gleiche Reaktionen bewirken andere Kompositionen, z. B. einige Sätze aus der „Kleinen Nachtmusik" von W. A. Mozart. Musiken, die durch dynamische Spannung oder durch das Hervorheben von Instrumenten oder Harmonien charakterisiert sind, die Stimmungen ausdrücken sollen, können eine freudige, aber auch stark beängstigende Wirkung auf Kinder ausüben. Bei negativer Wirkung wenden sie sich ab und zeigen Unlust, manche reagieren ängstlich. Der Erzieher muß die Kinder beobachten und ihre Empfindungen respektieren.
Die folgenden Gestaltungsideen für das Tanzen mit Kindern sollen verdeutlichen, daß ihnen ein großer Spielraum gegeben werden muß, sich individuell mit der Musik auseinanderzusetzen. Der Erzieher bringt sich dort ein, wo es gilt, zu koordinieren und überschaubar zu machen. Auf jeden Fall sollten mit kleinen Kindern keine vorgeschriebenen Tänze einstudiert werden, so vielversprechend ihre Choreographien auch sein mögen. Die Kinder bewegen sich bedeutend anmutiger, wenn sie ihre eigenen Formen tanzen und machen dabei mehr persönlichkeitsentfaltende Erfahrungen, als beim Nachvollziehen vorgeschriebener Tanzformen.

# Gestaltungsideen

## 1. Tanz mit Tüchern (oder Bändern)

Musik: „Kariatidon"
Schallplatte aus der Reihe „Europäische Tänze" Griechenland 3, Schott-Verlag, CMS 17 104 EP
oder eine rhythmisch frei und ruhig schwingende Musik, die „Tücher und Bänder tanzen läßt". (S. 76, Nr. IV)
Alter: 4 und 5 Jahre

Material: Indische Seidenschals, Chiffontücher oder etwa 8 cm breite und 1,5 m bis 2 m lange „Schleifen"-Bänder.

### Methodisch- didaktischer Aufbau

Erfahrung des Materials: *(Sensibilisierung)*

Die Kinder suchen sich ein Tuch aus, mit dem sie ihre Erfahrungen in freiem Spiel ohne Musik sammeln.
Sie tasten es mit den Fingerspitzen ab und formulieren, wie es sich anfühlt – sie werfen es hoch und lassen es aufs Gesicht niederschweben – sie lassen es in der Fortbewegung hinter sich her flattern u. ä.

Freier Tanz zur Musik: *(emotionale und kreative Entfaltung)*

Zu den freien, ungebundenen Bewegungen wird die Schallplattenmusik hinzugefügt.
Die Kinder werden spontan ihre Bewegung zur Musik abstimmen, sei es durch rasche oder langsame Armschwünge. Sie drehen dazu den Oberkörper und lassen die Arme mit dem Oberkörperschwung mitpendeln, sie laufen hin und her, die Arme wie ein Mühlrad drehend. Die Akzente setzen sie entsprechend ihrem Empfinden.

Vormachen gefundener Tanzformen *(Sichern der Erfahrungen)*

Jedes Kind tanzt seine Idee vor.
Die anderenKinder schauen zu und lassen den visuellen und akustischen Eindruck auf sich wirken.

Vor- und Nachmachen *(Erweitern der eigenen Bewegungsvorstellung)*

Die Kinder sind zu Paaren oder in Gruppen geordnet. Jedes Kind tanzt seine Bewegungsidee vor und der Partner oder die Gruppe imitiert sie.

Tanzgestaltungen *(Entwickeln des Form- und Gestaltungsgefühls)*

Die verschiedenen Bewegungsformen der Kinder werden mit einfachen Raumformen koordiniert. Z. B.

– Wechsel von freiem Herumlaufen und Tanzen am Platz. Die Phrasenlängen werden vom Erzieher durch den Klang einer Triangel o. ä. hervorgehoben, wenn die Gliederung nicht deutlich hörbar ist.
– Während einer Phrasenlänge bewegen sich die Kinder auf der Kreislinie und schwingen die Tücher, während der nächsten tanzt ein Kind in der Kreismitte vor, alle anderen imitieren seine Idee an ihrem Platz.


*2. Tanz mit Klanggesten und Rhythmusinstrumenten.*

Musik: „Kindergartenmixer" (Kinderlied vom Butzemann) Schallplatte aus der Reihe „Fidula-Fon" Nr. 1196 Fidula-Verlag, Boppard
Alter: 5–7 Jahre
Material: Rhythmusinstrumente

Die Kinder hören die Musik. Der Erzieher hat sie darauf aufmerksam gemacht, daß in der Musik ein bekanntes Lied versteckt sei. Sooft sie dieses hören, sollten sie mitsingen oder summen und klatschen. Wenn dann die Zwischenmusik folgt, sollten sie nur lauschen.


Methodischer Aufbau

– Es wird gemeinsam abgesprochen, zu welchem Musikteil sich die Kinder frei im Raum bewegen und zu welchem sie am Platz sitzen und mit Klanggesten oder Rhythmusinstrumenten begleiten.
– Zu Paaren sich im Raum bewegen, dann am Platz Klanggesten finden.
– Einer von den Paaren bleibt am Platz und begleitet mit einem Rhythmusinstrument, während der Partner frei im Raum herumhüpft. Dann Rollentausch: Der Partner bleibt am Platz und begleitet, und der andere hüpft frei herum.

– Lied: Die Kinder tanzen in mehreren „Schlangen". Zwischenmusik: Der „Kopf der Schlange" tanzt um seine Gruppe herum, die ihn mit Rhythmusinstrumenten begleitet. Zum Schluß der Phrase stellt sich der Vortänzer hinten an. Der Tanz beginnt wieder wie beschrieben, wobei der neue „Schlangenkopf" den Solotänzer darstellt.

*Schallplattenverzeichnis*

„Tänze für Kinder" Nr. 1260/1261 Fidula-Verlag
„Höfische Tänze" Nr. 1102/1103, Fidula-Verlag
„Tanzlieder für Kinder" Nr. 1191/1193 Fidula-Verlag
„Spiellieder für Kinder" Nr. 1229 Fidula-Verlag

*3. Tanzgestaltungen zu Popmusik*

Tanz mit Licht
„Shadow of the Hierophant"
aus „Voyage of the Acolyte"
von Steve Hacket (Gruppe „Genesis")
Phonogram GmbH Hamburg 63 69 970

Alter: 13 Jahre und älter

Es kommt darauf an, welche Musiken die Jugendlichen gewohnt sind zu hören. Man wählt eine aus ihrem Repertoire, die ähnlich wie die vorgeschlagene aufgebaut ist: Steigerung im musikalischen Aufbau durch zunehmende Lautstärke oder durch einen immer größeren Einsatz von Instrumenten oder durch Steigerung des Tempos. Es ist durchaus möglich, auch nur einen Ausschnitt einer Musik zu wählen. Folgende Popgruppen haben u. a. Musiken arrangiert oder komponiert, die sich gestalterisch ausbauen lassen: Beatles, Focus, Genesis, Ekseption 3, von Emerson-Lake und Palmer die Platte: „Tarkus".

**Gedanken zur Situation**

Jugendliche zwischen 13 und 16 Jahren haben es sehr schwer, sich durch Sprache, Musik und Gestik auszudrücken. Sie nehmen neuartige körperliche und emotionale Gefühle wahr. Sie selbst und ihr Bezug zur Umwelt verändern sich. Dieser Zustand des Anderswerdens bewirkt eine Verunsicherung, die sich vor allem in einer Bewegungshemmung und sehr häufig im stimmlichen Bereich äußert.

Die Jugendlichen hören in dieser Phase viel Musik. Sie suchen sich „ihre Musik". Doch nicht das Hören, der *Eindruck* allein ist wichtig, sondern auch der *Ausdruck*. Es ist nahezu eine therapeutische Notwendigkeit, dem JugendlichenHilfestellungen anzubieten und ihn nicht allein zu lassen, damit er seinen Ausdruck finden kann.

Da der Qualitätsanspruch an Form und Gestalt anspruchsvoller geworden ist, die Fachkenntnisse und Fertigkeiten auf dem Gebiet der Künste während der Schulzeit kaum oder gar nicht gefördert werden, ist es sehr schwer, die jungen Menschen zum gestalterischen Tun zu motivieren. Über technische Medien und Objekte könnte ihr Interesse vielleicht neu belebt werden.

## 1. Bewegungsgestaltung

Beispiele von Farblichtspielen mit Taschenlampen und Projektionsflächen zur Musik.

### 1. Beispiel

Zu o. g. Musik (oder einer ähnlichen) wird im abgedunkelten Raum mit Taschenlampen Licht auf eine Projektionsfläche geworfen. Durch buntes Seidenpapier, das die Lampe umhüllt, wirken die Lichtkegel vielfarbig. Mit der Steigerung der Musik wird das Lichtspiel intensiver:

1. Steigerung: Die Lichtkegel in ihrer Größe verändern.
2. Steigerung: Den Standort der Projezierer durch Hin- und Hergehen verändern, so daß sich die Lichtkegel bewegen.
3. Steigerung: Die Lichtkegel nicht nur in der Tiefe, sondern auch horizontal und vertikal durch Armbewegungen verändern.
4. Steigerung: Zur Bewegung unregelmäßiges An- und Ausschalten der Lampen

Mit dieser Gestaltung werden die bewegungsgehemmten Jugendlichen bereits zur Bewegung geführt, ohne daß sie sich dessen bewußt sind. Das gestalterische Tun vollzieht sich in der vertrauten Gruppe und im Dunkeln. Jeder ist von sich selbst, von seiner Person abgelenkt durch die Konzentration auf das Lichtspiel. Es vollzieht sich in der Gruppe ein fast meditatives Kommunizieren mit einem Farblichtspiel und der spannungsreichen und doch sehr einfachen Musik.

*2. Beispiel*

Die Lichtspiele werden auf *verschiedenen* Projektionsflächen ausprobiert.

– Die *Projektionsfläche ist die Zimmerdecke,* die bei der Steigerung der Musik auf die Seitenwände des Raumes ausgedehnt wird.
Die Breitenausdehnung des Lichtes im Raum wird durch schnelles und langsames Sich-Drehen in der Fortbewegung und durch allmähliches Aufrichten aus der Liegestellung bewirkt.

– Die *Projektionsfläche ist ein weißes Tuch,* das zwischen Zuschauergruppe und Agierende gespannt wird. Die Projektion erfolgt von hinten gegen die Leinwand.
Die Gruppe muß die Wirkungen ausprobieren, sich organisieren und absprechen. Einige übernehmen die Rolle der Beobachter, um bei der Gestaltung den Gesamteindruck im Auge zu behalten. Der Pädagoge verhält sich nicht anders als die Mitglieder der Gruppe. Er ist hier ein Partner auf gleicher Ebene.

## 2. Bewegungsgestaltung

Bewegte Tücher zu Musik und dynamischem Licht.

- Dieselbe Musik.
- Auf der Fläche liegen rechteckige, farbige Tücher in Umhanggröße ausgebreitet.
- Die Spieler hocken am Rande der Bewegungsfläche.
- Wenn das musikalische Motiv deutlich erkennbar ist, kommt nacheinander ein Teil der Tänzer auf die Bewegungsfläche zu den Tüchern. Das Kommen kann unterschiedlich ausgeführt sein, kriechend, schlendernd, u. ä.
- Jeder ergreift ein Tuch, rafft es langsam zusammen. Die Bewegungen sind noch ruhig und undynamisch.
- Bei der 2. Steigerung werden die Tücher als Umhang umgeworfen. Jeder dreht sich, so daß sie sich ausbreiten.
- Bei der 3. Steigerung wird diese Drehung und das Wehen des Tuches dadurch dynamischer, daß man sich mal rechts-, mal linksherum dreht und das Tuch mit ausgestreckten Armen hebt und senkt.
- Bei der 4. Steigerung kommen weitere Spieler hinzu. Sie helfen, die einzelnen Tücher zu zwei oder vier Bahnen zusammenzufassen. Jede Gruppe schwingt die Tücher wie große Wogen.

- Bei der 5. Steigerung kommen die letzten Spieler auf die Bewegungsfläche. Mit ihrer Hilfe wird *eine einzige* Plane gespannt und groß und
  dynamisch geschwungen.
- Wenn das Decrescendo der Musik einsetzt, werden die Bewegungen
  mit der Musik schwächer. Schließlich liegen die Tücher ruhig am
  Boden.

Dieses Bewegungsspiel verlangt ein konzentriertes Mitspüren der Spieler
mit der Musik und der Gruppe, um die Tücher in den verschiedenen
dynamischen Stufungen tanzen zu lassen. Wieder ist der Spieler auf ein
Objekt hin konzentriert und merkt nicht, wie er sich bewegt. Er muß sich
ökonomisch und damit richtig und schön bewegen, da sich sonst die Tücher nicht ausbreiten und schwingen lassen. Eine Hilfe „anonym" zu
bleiben kann wieder der *Einsatz des Lichtspieles* sein:
Starke Taschenlampen oder Scheinwerfer sind die Lichtquellen. Die
Lichtstärke wird einfühlsam nach der Dynamik der Musik abgestimmt.

**Selbst hergestellte Scheinwerfer**

- Starke Pappe zu Trichtern formen, diese innen mit Silberfolie ausklec-
  ben, an der schmalen Öffnung eine Halogenglühbirne mit Fassung und
  Kabel durchführen.
- Diesen Trichter über eine Schreibtischlampe stülpen.

*Andere Lichtquellen*

- Diaprojektor: Zwischen die Gläser eines Dias werden Farbtupfer aus
  einem Gemisch von Plakatfarbe, Öl und Wasser eingelassen. Die Far-
  ben vermischen sich nicht. Das projizierte Bild stellt eine bewegte
  Farbfläche dar, vor der die Spieler agieren.
- Ein ähnlicher Effekt kann mit einem Tageslichtprojektor erzielt werden: Ein flaches Gefäß mit einem Gemisch von Wasser, Farbe und Öl
  wird auf die Unterlage gestellt, auf der sonst die Folie liegt.

*Objekte,* die zur Bewegungsgestaltung motivieren: Große Plastikplanen
(zum Abdecken von Möbeln),
Waschmitteleimer in verschiedenen Größen,
Luftballone,
Seifenblasen,
japanische Papierbälle u. a. m.

Weitere Anregungen bietet das Buch:
„Improvisation – Tanz – Bewegung"
von B. Haselbach, Klett-Verlag, Stuttgart.

28

29

## I Zwischenmusik für den Stabtanz

Bfl.
oder
Gl.

### Ostinater Satz für geübte Spieler:

hoch

mittel

tief

oder Begleittöne

## II Hüpfmusik

Bfl.
oder
Gl.

Ostinater Satz für geübte Spieler:

Vorspiel    zur Hüpfmusik

hoch

mittel

tief

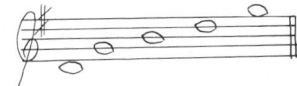

oder Begleittöne:

## III Fröhliche Musik zum Gehen und Hüpfen

Bfl.
oder
Gl.

Begleittöne

Ostinater Satz für geübte Spieler:

Gl.

Xyl.

Metallophon

Xyl.

Metallophon

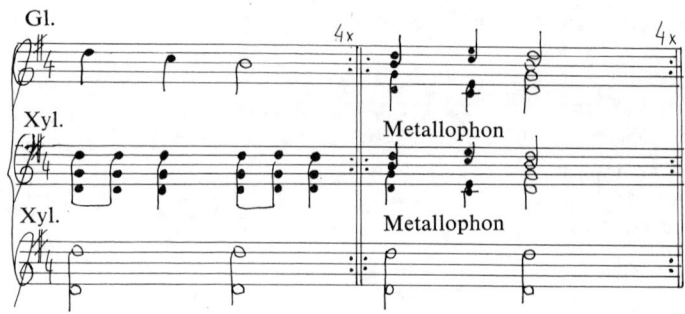

## IV Musik zum Tüchertanz

Flöten-Kanon (ruhig)

Begleitsatz:

SGL
AGL

SM
AM

AX

BX

Als Rondo zu musizieren:

Nach dem Kanon eine Improvisation mit den Tönen der pentatonischen Reihe. Dabei begleiten 2 Ostinati, die sich einander klanglich und rhythmisch gut ergänzen.

Improvisationstöne:

76

## V Rondo

A    Kanon

B    sehr ruhig

Solo

(erst bei der Wiederholung mitspielen)

C    sehr ruhig

(erst bei der Wiederholung mitspielen)

Begleitsatz zu den Zwischenspielen

## VI Rondo mit Improvisationsteilen

A

Schluß

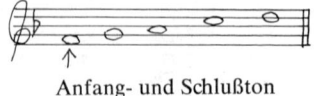

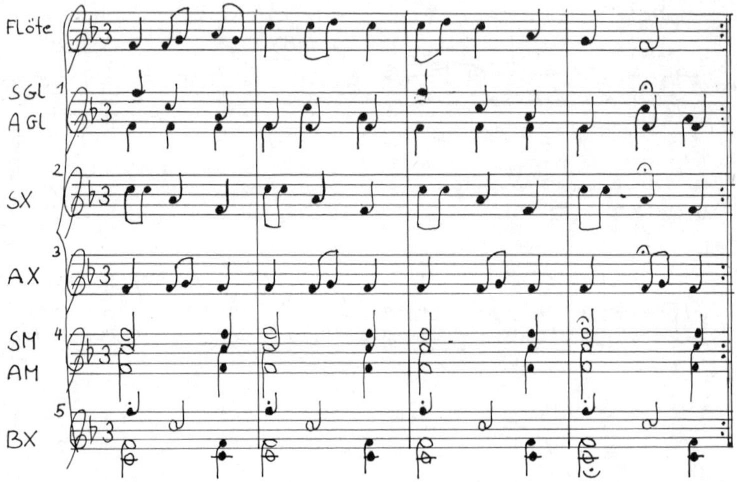


Anfang bis Schluß

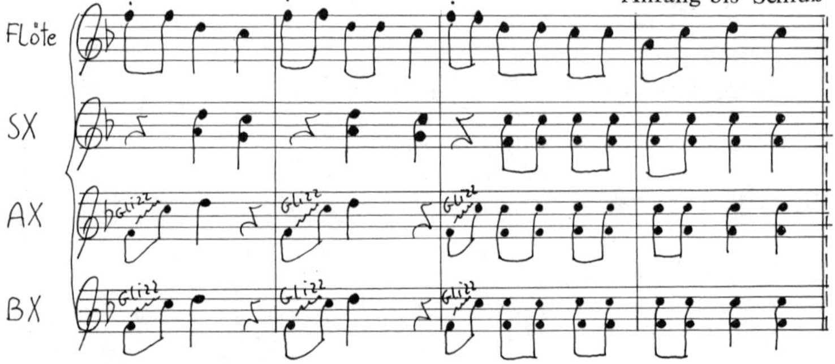


B / C / D
Improvisationstöne:

Anfang- und Schlußton

Zu der Improvisation zwei Ostinati aus dem 1. Teil mitspielen lassen, z. B. 4 und 3 oder 2 und 4 oder 1 und 3 o. ä.

Länge der Improvisation 8 oder 16 Takte

## VII  Ruhig fließend

1. Bfl.

2. Bfl.

*) ♩♪Notation für den Fall, daß die 1. Bfl. alleine spielt.
♩♪Notation für den Fall, daß 1. u. 2. Bfl. zusammen spielen.

Begleitung f. 1. Bfl. allein          Begleitung für Bfl.-Duo

# Singing und Spielen

**Melodie**                                                    Erna Woll

von vorne ohne Wieder-
holungen bis zum Schluß

**Begleitsatz** (zur ganzen Melodie 6 x)
Als Vor- und Nachspiel je 2 Takte ohne Singen

Singstimmen
mit c''-Fl.
oder/und SX

1. { Sum men wir den Ton zu der Flö — te:
     su — su, su – su – sum, su — su, su — sum. }

2. { Flö te spie len wir mit der Stim — me:
     dü — dü, dü – dü – dü, dü — dü, dü — dü. }

3. { Sin gen wir da — zu im — mer wie — der:
     la — la, la – la — la, la — la, la — la. }

oder ein
anderes
Rhythmus-
instrument

BX

# Glockenmusik

Erna Woll

„A-Melodie"

einstimmig beginnen; erst **nach** der „B-Melodie" im 2stimmigen Kanon

„B-Melodie" (ohne Kanon)

Vor-Nachspiel, Begleitsatz A (zu „A-Melodie" 5 x)

Begleitsatz B

Folgt Begleitsatz A bis Schluß

# Hüpfmelodie

Erna Woll

von vorn mit
Wiederholung
bis Schluß

# Schreitmelodie

**Melodie**

Erna Woll

Langsam

Mögliche Abfolge bei Melodiewiederholungen:
Beim 1. Mal: Melodie = Flöte
Beim 2. Mal: Melodie = Xyl.
Beim 3. Mal: Melodie = Fl. + Xyl.

**Begleitsatz**

2 Einspieltakte (auch vor jeder zweiten Melodiewiederholung)

Melodieeinsatz

# Tanzen und Schwingen

**Melodie**                                          Erna Woll

(zuerst einstimmig; erst bei der Wiederholung nach B im Kanon)

folgt A
im Kanon
von vorn

Begleitsatz:

Schluß

* Wiederholung gilt nur im Falle des Kanonspiels
** Der achttaktige A-Begleitsatz wird bei Kanonwiederholungen ebenfalls
   wiederholt. Schluß bei (∧)
*** Beim Vorspiel hier Melodieeinsatz

# Tanzen und Springen

Erna Woll

Flötenmelodie (A) zunächst mehrmals einstimmig wiederholen; enden mit
(Schluß)

Rasch

** Begleitsatztakte (A): zur Flötenmelodie je 4 x

4 Einspieltakte voraus

B-Takte: (Flöte, Xyl., BM, Triangel, Schellen pausieren)

Folgt Flötenmelodie (A)
im **Kanon** in mehrfacher
Wiederholung mit den Be-
gleitsatztakten A
Abschlußtakt = *(Schluß)

** Die acht Begleitsatztakte mit : (Schluß) gelten für **einen** Melodiedurchgang. Die erwünschten Satz-Wiederholungen enden sowohl bei der
einstimmigen Flötenmelodie als auch beim Kanon immer erst mit
(Schluß) .

**Textnachweis**

S.  9:  Orff-Schulwerk, Bd. I, Schott-Verlag, Mainz
S. 14, 17/18:  Guggenmos, Josef: Was denkt die Maus am Donnerstag?
    Verlag Georg Bitter, Recklinghausen
S. 58:  Die Maultrommel. Fidula-Verlag, Boppard/Rhein